POLÍTICAS PÚBLICAS E ASSISTÊNCIA SOCIAL

COLEÇÃO PSICOLOGIA SOCIAL

Coordenadores:
Pedrinho A. Guareschi – Universidade Federal do Rio Grande do Sul (UFRGS)
Sandra Jovchelovitch – London School of Economics and Political Science (LSE) – Londres

Conselho editorial:
Denise Jodelet – L'École des Hautes Études en Sciences Sociales – Paris
Ivana Marková – Universidade de Stirling – Reino Unido
Paula Castro – Instituto Superior de Ciências do Trabalho e da Empresa (Iscte) – Lisboa, Portugal
Ana Maria Jacó-Vilela – Universidade do Estado do Rio de Janeiro (Uerj)
Regina Helena de Freitas Campos – Universidade Federal de Minas Gerais (UFMG)
Angela Arruda – Universidade Federal do Rio de Janeiro (UFRJ)
Neuza Maria de Fátima Guareschi – Universidade Federal do Rio Grande do Sul (UFRGS)
Leoncio Camino – Universidade Federal da Paraíba (UFPB)

Dados Internacionais de Catalogação na Publicação (CIP)
(Câmara Brasileira do Livro, SP, Brasil)

Políticas públicas e assistência social : diálogo com as práticas psicológicas / Lílian Rodrigues da Cruz, Neuza Guareschi (organizadoras). – 5. ed. Petrópolis, RJ : Vozes, 2014. – (Coleção Psicologia Social)
Vários autores.
Bibliografia.

7ª reimpressão, 2025.

1. Assistência social 2. Assistência social – Brasil – Políticas públicas I. Cruz, Lílian Rodrigues da. II. Guareschi, Neuza.

09-04414   CDD-361.30981

Índices para catálogo sistemático:
1. Brasil : Assistência social e políticas
   públicas : Bem-estar social   361.30981
2. Brasil : Políticas públicas e assistência
   social : Bem-estar social   361.30981

Lílian Rodrigues da Cruz
Neuza Guareschi
(orgs.)

POLÍTICAS PÚBLICAS E ASSISTÊNCIA SOCIAL

Diálogo com as práticas psicológicas

Autores
Andrea Scisleski
Berenice Rojas Couto
Betina Hillesheim
Claudia Fonseca
Cleci Maraschin
Esther Maria de Magalhães Arantes
Janete Nunes Soares
Luciane Susin
Maria Cristina Poli
Maria de Lourdes Duque-Estrada Scarparo
Marisa Batista Warpechowski
Nelson Estamado Rivero
Sandra Djambolakdjian Torossian
Zuleika Köhler González

EDITORA VOZES

Petrópolis

© 2009, Editora Vozes Ltda.
Rua Frei Luís, 100
25689-900 Petrópolis, RJ
www.vozes.com.br
Brasil

Todos os direitos reservados. Nenhuma parte desta obra poderá ser reproduzida ou transmitida por qualquer forma e/ou quaisquer meios (eletrônico ou mecânico, incluindo fotocópia e gravação) ou arquivada em qualquer sistema ou banco de dados sem permissão escrita da editora

Conselho editorial

Diretor
Volney J. Berkenbrock

Editores
Aline dos Santos Carneiro
Edrian Josué Pasini
Marilac Loraine Oleniki
Welder Lancieri Marchini

Conselheiros
Elói Dionísio Piva
Francisco Morás
Teobaldo Heidemann
Thiago Alexandre Hayakawa

Secretário executivo
Leonardo A.R.T. dos Santos

Produção editorial

Anna Catharina Miranda
Eric Parrot
Jailson Scota
Marcelo Telles
Mirela de Oliveira
Natália França
Priscilla A.F. Alves
Rafael de Oliveira
Samuel Rezende
Verônica M. Guedes

Editoração: Dora Beatriz V. Noronha
Diagramação: AG.SR Desenv. Gráfico
Capa: Studio Graph-it

ISBN 978-85-326-3871-7

Este livro foi composto e impresso pela Editora Vozes Ltda.

SUMÁRIO

Prefácio, 7
  Esther Maria de Magalhães Arantes

1. A constituição da assistência social como política pública: interrogações à psicologia, 13
   Lílian Rodrigues da Cruz e Neuza Guareschi

2. O Sistema Único da Assistência Social – Suas: na consolidação da Assistência Social enquanto política pública, 41
   Berenice Rojas Couto

3. Políticas públicas e modos de viver – A produção de sentidos sobre a vulnerabilidade, 56
   Sandra Djambolakdjian Torossian e Nelson Estamado Rivero

4. Risco, vulnerabilidade e infância: algumas aproximações, 70
   Betina Hillesheim e Lílian Rodrigues da Cruz

5. Conexões intergeracionais em famílias acolhedoras – Considerações sobre tempo e abrigagem, 86
   Claudia Fonseca

6. Concepções sobre a categoria juventude – Paradoxos e as produções nos modos de ser jovem, 104
   Zuleika Köhler Gonzáles e Neuza Guareschi

7. Psicanálise e assistência social, 124
   Maria de Lourdes Duque-Estrada Scarparo e Maria Cristina Poli

8. A clínica ampliada na assistência social, 151
   Janete Nunes Soares, Luciane Susin e Marisa Batista Warpechowski

9. Redes sociais e internação psiquiátrica – Paradoxos nas políticas de saúde para a juventude, 162
   Andrea Scisleski e Cleci Maraschin

Organizadoras e autores, 179

PREFÁCIO

Esther Maria de Magalhães Arantes

Podemos dizer, genericamente, que à época do Brasil Colônia, não vigorava o pressuposto da igualdade entre as pessoas, sendo o empreendimento colonial construído justamente na relação desigual senhor/escravo. As noções de igualdade, liberdade e fraternidade, lemas da Revolução Francesa e da Declaração dos Direitos do Homem e do Cidadão, de 1789, sequer haviam sido formuladas como direitos de todos, em que pesem vozes dissonantes já no início do século XVI, como a de Frei Bartolomeu de Las Casas, contrário aos procedimentos da colonização espanhola, afirmando que "todos os homens são livres, súditos e não servos"; e que "a Igreja, o papa e o rei não têm jurisdição em atos sobre os índios"[1].

Inexistia, igualmente, a noção de indivíduo e a de população, sendo as pessoas contadas como "almas", e os tipos humanos designados como "gentes". Não vigorando tais noções e pressupostos, um dos objetivos da catequização dos povos indígenas foi justamente o de salvá-los de um suposto estado de inferioridade humana, civilizatória e espiritual: povos sem rei, lei e fé. Os esforços das missões jesuíticas consistiriam em "fazê-los de bárbaros homens, a de homens cristãos, e de cristãos perseverantes na fé"[2]. O "próximo" não era, portanto, qualquer outro humano, mas um súdito do rei de Portugal e um cristão temente a Deus.

Existindo o Brasil como terra de reclusão e degredo, calcada na produção colonial do trabalho escravo, não se podia, nestas terras, edificar escolas, fábricas ou quaisquer empreendimentos que significassem ameaças aos interesses portugueses, constituindo a catequização dos índios e africanos mais uma experiência de do-

---

[1]. BUIT, H. *Bartolomé de Las Casas e a simulação dos vencidos*. Campinas/São Paulo: Unicamp/Iluminuras, 1995, p. 67.

[2]. LEITE, S. Cartas dos primeiros jesuítas do Brasil. In: *Comissão do IV Centenário da Cidade de São Paulo*, vol. 1, 1954, p. 12. São Paulo.

minação que experiência espiritual. Os poderes que aqui se instalaram – rei, igreja e senhores – poderes soberanos de vida e morte, em seus domínios específicos, se abateram implacavelmente sobre aqueles, criando-se regimes diferenciados para livres e cativos, dos quais ainda hoje não conseguimos nos livrar inteiramente.

Assim, concomitantemente às práticas piedosas de proteção aos desvalidos, da esmola pelo amor de Deus, do Batismo para a salvação das almas, da reclusão das mulheres para resguardar-lhes a honra, dos dotes para os casamentos, do cuidado com os órfãos, com os expostos e os enfermos, que sempre mereceram a atenção das diversas irmandades e confrarias de caridade – como as Irmandades da Santa Casa da Misericórdia que aqui se estabeleceram desde meados do século XVI – continuava a escravização dos povos indígenas e de africanos, com seus aldeamentos e senzalas, seus troncos e chibatas, seus capitães do mato e seus calabouços.

Tal realidade histórica deveria nos motivar ao estudo do que se produziu sobre a chamada natureza humana[3] nas diferentes ordens religiosas que aqui se instalaram. Neste quarto centenário do Padre Antônio Vieira (1608-1697), certamente muitos estudos e pesquisas serão apresentados sobre esse tema. Importante seria contrastar o pensamento produzido no Brasil com o de Frei Bartolomeu de Las Casas sobre a colonização espanhola, já referido.

O problema modifica-se inteiramente quando os escravos, a partir da Lei do Ventre Livre (1871) e da Abolição da Escravatura (1888), adquirem a condição de livres e, portanto, de iguais – "filhos" e "pais de família" – sem, contudo, adquirirem as condições materiais para o exercício dessa liberdade. Foi quando crianças pobres, mas livres, passaram a ser encontradas nas ruas brincando, trabalhando, pedindo esmolas ou eventualmente cometendo pequenos furtos. Não se querendo reconhecê-las como tendo os mesmos direitos e *status* dos "filhos de família", situação tradicionalmente reservada apenas aos bem-nascidos socialmente, mas ao mesmo tempo não se podendo acusá-las de "criminosas", por não haverem cometido infração alguma às leis penais, o que teria

---

3. Sobre o tema da natureza humana, ver o interessante debate com Michel Foucault e Noam Chomsky: Da natureza humana: justiça contra poder. In: FOUCAULT, M. *Ditos e escritos IV*, p. 87-132.

permitido recolhê-las aos estabelecimentos carcerários, um novo arranjo tutelar terá que ser inventado a partir de sua identificação como "menores abandonados" e potencialmente "perigosos", ou seja, "órfãos de pais vivos" e "futuros criminosos". Caberia então ao Estado, neste novo arranjo, assistir os menores abandonados como os órfãos e expostos e, ao mesmo tempo, corrigi-los e regenerá-los como os presos, só que preventivamente e com a justificativa de sua proteção[4].

Até os anos 1870, nenhuma inquietação em relação a menores ditos abandonados é encontrada nos documentos oficiais do Império[5]. O que se constata, ao longo de todo o período, é uma preocupação constante com as mudanças na legislação penal e com a reforma do sistema carcerário que deveria advir em consequência dessas mudanças, uma vez que a penalidade mais comum passa a ser a privação da liberdade e não mais as penas de morte, degredo e galés. Com as prisões superlotadas, pela primeira vez, depara-se o Estado com uma massa carcerária a ser administrada, sendo as prisões definidas como "escolas do crime".

A dificuldade de se administrar a questão prisional passa a ser vista como decorrendo diretamente do "problema do menor", intensificando-se o seu recolhimento nas ruas. Começa a tomar corpo a ideia de que muito pouco se conseguirá avançar na reforma do sistema penitenciário e da regeneração dos adultos criminosos se nada se fizer em relação à educação correcional dos menores "delinquentes" e "vagabundos".

Enviados ao Juiz de Órfãos pelo Chefe de Polícia para receberem "destino", eram então encaminhados ao trabalho em casas de família, fábricas ou fazendas, ou às escolas de aprendizes de Guerra ou Marinha, sofrendo muitas vezes abusos de todas as espécies, constituindo este aprendizado do trabalho – já que era uma medida judicial da qual a criança não poderia escapar – numa modalidade de "servidão das crianças" ou "sequestro da infância pobre" em tempos de pós-Ventre Livre e mão de obra escassa.

---

4. ARANTES, E. A reforma das prisões, a Lei do Ventre Livre e a emergência no Brasil da categoria de "menor abandonado". In: *60 anos da Declaração Universal dos Direitos Humanos*. Brasília: Conselho Federal de Psicologia, 10/12/2008 [www.pol.org.br].

5. Exceção é feita ao Decreto 1.331-A, de 17/02/1854, estabelecendo casas de asilos para os meninos encontrados em estado de pobreza. No entanto, apenas em 1875, justamente após a Lei do Ventre Livre, foi inaugurado no Rio de Janeiro o Asilo de Meninos Desvalidos.

A República, longe de reverter esse processo, aprofundou-o, passando a cogitar um sistema assistencial que unificasse estabelecimentos caritativos e correcionais. Com as atribuições do extinto Ministério do Império sendo repassadas ao Ministério da Justiça e Negócios Interiores, esse projeto ganha viabilidade. No entanto, as diferenças existentes entre as categorias de desvalidos, viciosos e culpados geravam problemas para o Ministério da Justiça, não se tendo ainda os meios de unificá-las. Se as crianças que cometiam crimes sem discernimento eram absolvidas por lhes faltar um dos elementos para a imputabilidade, mandá-los para as prisões, onde condenados cumprem sentença, "não seria escandalizar a razão e os princípios de justiça?"[6] Em nome de que seriam recolhidas aos estabelecimentos correcionais?

Mesmo reconhecendo que os asilos para a infância ou casas de reforma não eram propriamente estabelecimentos penais, passaram os ministros a afirmar que, por outro lado, também era incontestável que por sua ação preventiva não podiam ser estranhos ao assunto de que se ocupava o Ministério da Justiça e Negócios Interiores. Assim, da Lei do Ventre Livre (1871) à aprovação do Código de Menores (1927), todo um caminho teve que ser percorrido para que um novo tutor legal, que não o senhor de escravos e as instituições caritativas, fosse encontrado para o "menor abandonado", criando para ele um sistema assistencial-correcional-preventivo-repressivo.

Tal assistência pública deveria incluir tanto "as medidas de caráter judiciário – organização de tribunais para crianças e regime de sentença por tempo indeterminado –, além de outras medidas legislativas, afetando o próprio Direito Penal e Civil, no tocante à indagação sobre discernimento e perda do pátrio poder", bem como a unificação "dos serviços atuais em um sistema eficiente e homogêneo, sob o ponto de vista administrativo"[7].

Construiu-se, desta forma, sobre a base da regulamentação da idade penal e do trabalho infantil, da possibilidade de destituição do pátrio poder em relação a alguns menores e de sua interna-

---

6. ARANTES, E. (org.); TORRACA, L. & CONDE, H. Adolescente, ato infracional e cidadania no Rio de Janeiro: 1900-2000 – A construção do jovem "perigoso". *Relatório de pesquisa – Edital Faperj*, 2008.

7. Relatório do MJ, 1911-1912, p. 91.

ção em estabelecimentos correcionais e de reforma, uma assistência pública vista como auxiliar da Justiça. O Projeto de Assistência Pública gestado neste período não era restrito aos menores, alcançando também outras categorias, como os alienados.

Essa junção de assistência e justiça, em relação às crianças, nunca foi um arranjo totalmente pacífico, pois não raro os Juízes de Menores reconheciam que se tratava, na maioria dos casos, de pobreza da criança e de sua família e não de abandono. No entanto, sendo o Juizado de Menores considerado órgão oficial da Assistência Social à Infância, a grande demanda sempre foi a de internação dos ditos abandonados – função que o juízo se esmerou em cumprir ao longo de todo o período, a despeito de possíveis críticas e discordâncias.

Finalizando, é surpreendente constatarmos certas recorrências ao longo dessa história, como a tentativa de tudo justificar, por exemplo, em nome da "proteção" e "regeneração" da criança. No Brasil Colônia buscava-se "salvar" a criança indígena, batizando-a e separando-a de sua gente considerada selvagem e primitiva, em nome da civilização. Igualmente, a medicina, a partir do Império, buscou "salvar" a criança do poder paterno excessivo e da ignorância das famílias e do sistema caritativo, com suas misturas e confinamentos, em nome da ordem e da racionalidade científica. Da mesma forma a República, preventivamente, buscou "salvar" a criança dela mesma, de seu suposto abandono e periculosidade, como defesa da sociedade.

Contrapondo-se a essas recorrências, o Estatuto da Criança e do Adolescente emergiu na cena democratizante pela qual atravessava o país ao final dos anos 1980 como grande promessa. Muitos sonhos e esperanças foram depositados neste novo arranjo, no qual a criança foi pensada como sujeito de direitos, pessoa em desenvolvimento e prioridade absoluta. Mas é chegada a hora, ou mesmo já passa da hora, de indagarmos sobre as ilusões que abrigou ou que ajudou a desfazer, o tipo de atuação profissional que facilitou ou impediu, bem como as forças que afirmou e as capturas que tornou possível. Sobretudo, se as políticas públicas da infância foram pensadas e implementadas sob o marco da proteção integral e dos direitos humanos.

É a este exercício que se dedicaram os autores e autoras deste importante livro.

1
A CONSTITUIÇÃO DA ASSISTÊNCIA SOCIAL COMO POLÍTICA PÚBLICA: interrogações à psicologia

Lílian Rodrigues da Cruz
Neuza Guareschi

Questão de direitos na sociedade capitalista

Pretendemos percorrer neste capítulo a trajetória das políticas sociais públicas no Brasil, considerando a priorização da família, que, desde a Constituição Federal de 1988, até a atual implantação do Sistema Único de Assistência Social, é colocada como diretriz das políticas de atendimento. Propomo-nos discutir, também, as práticas da psicologia neste campo.

Para discutirmos a atual configuração das políticas publicas de assistência social é imprescindível resgatarmos a temática dos direitos, que surge, paulatinamente, na transição de uma sociedade de organização feudal para a emergência do Estado-nação. Desde sua origem, o Estado volta-se para o fortalecimento da ordem burguesa, promovendo ações para a sua consolidação. As revoluções Industrial (1769), Americana (1776) e Francesa (1789) são determinantes para esse processo, cujo princípio é o da acumulação e o fundamento é a propriedade privada dos meios de produção.

O século XVIII instaura a chamada era dos direitos civis, necessários à ordem burguesa, pois era preciso liberdade de ir e vir para vender a força de trabalho, bem como ter a garantia de segurança em relação à propriedade privada. Podemos dizer que os direitos civis referem-se à liberdade e à igualdade perante a lei. Já os direitos políticos emergiram no século XIX em resposta às terríveis condições de vida da classe trabalhadora, que passou a exigir o direito de organização em sindicatos e de participar da vida política, reservada aos proprietários. Assim, os direitos políticos referem-se à participação no exercício do poder, tanto votando como se tornando elegível (PEREIRA, 2006).

Contudo, nos séculos XVIII e XIX, a humanidade "convivia com a escravidão, com o conceito de incapacidade em relação às mulheres, às crianças, aos índios, e era considerada natural a não extensão desses direitos a segmentos populacionais, bem como a exclusão de homens escravos e não proprietários" (COUTO, 2006, p. 46). As vicissitudes dessa situação durante a Revolução Industrial é exemplificada por Huberman (1971) ao relatar que até um senhor de escravos das Índias Ocidentais surpreendia-se com a crueldade da jornada de 12 horas e meia de trabalho de crianças de apenas 9 anos de idade. Vê-se que o acesso aos direitos era restrito aos homens livres e proprietários e não a toda a humanidade. E, desde então, a luta da sociedade tem sido para universalizá-los.

Assim, o nascimento dos direitos sociais no século XX é resultado das lutas enfrentadas pela classe trabalhadora desde meados do século XIX. Estes referem-se ao atendimento das necessidades humanas básicas, como alimentação, habitação, assistência, saúde, educação, ou seja, "a um mínimo de bem-estar econômico e segurança, ao direito de participar por completo da herança social e levar a vida de um ser civilizado de acordo com os padrões que prevalecem na sociedade". Os direitos sociais, juntamente com os civis e os políticos, constituem as três dimensões da cidadania (MARSHALL, apud OLIVEIRA, 2007, p. 7). A efetivação dos direitos sociais está atrelada às condições econômicas, ou seja, à intervenção do Estado. E este, além de seu papel político, sempre desenvolveu ações econômicas em prol da empresa capitalista. Esta tensão permanente acarreta a dificuldade em viabilizar políticas sociais públicas, onde "a luta pela universalização dos direitos sociais e políticos e a busca da igualdade como meta dos direitos sociais são características de vários momentos e declarações construídas pelos homens, principalmente a partir dos séculos XVIII, XIX e XX" (COUTO, 2006, p. 49).

Uma breve retrospectiva evidencia que, até o final do século XIX e início do XX, prevaleciam as ideias liberais de um estado mínimo que somente assegurasse a ordem e a propriedade, e do mercado como regulador "natural" das relações sociais. A posição ocupada pelo indivíduo na sociedade e suas relações eram percebidas conforme sua inserção no mercado. "A questão social, decorrente do processo produtivo, expressava-se na exclusão das pessoas, tanto da própria produção quanto do usufruto de bens e serviços necessários à sua própria produção" (CUNHA & CUNHA,

2002, p. 11). As manifestações e reivindicações dos trabalhadores por melhores condições de vida e de trabalho eclodiram com a crise do capitalismo de 1929. Para Huberman (1971), o crescimento dos industriais durante a Revolução Industrial na Inglaterra trouxe consigo teorias econômicas baseadas nas condições da época, como a Teoria de Economia Clássica, cujo pressuposto é "o bem-estar da sociedade está ligado ao do indivíduo". Com ironia, Leo Huberman diz:

> Dê a todos a maior liberdade, diga-lhes para ganharem o mais que puderem, apele para seu interesse pessoal, e veja, toda a sociedade melhorou! Trabalhe para si mesmo e estará servindo ao bem geral. Que achado para os homens de negócios, ansiosos em se lançarem na corrida dos lucros cada vez maiores! Abram os sinais para o trem especial do *laissez-faire*! Deveria o governo regulamentar os horários e os salários dos trabalhadores? Isso seria uma interferência na lei natural e, portanto, inútil – diziam os economistas clássicos. Qual, então, a função do governo? Preservar a paz, proteger a propriedade, não interferir (HUBERMAN, 1971, p. 208-209).

Após a crise econômica de 1929, a questão social intensificou-se, gerando novas relações entre capital e trabalho e entre estes e o Estado, fazendo com que as elites econômicas admitissem os limites do mercado como regulador natural e resgatassem o papel do Estado como mediador civilizador, ou seja, com poderes políticos de interferência nas relações sociais. Neste sentido, pode-se entender a política social como estratégia de intervenção e regulação do Estado no que diz respeito à questão social (CUNHA & CUNHA, 2002). É neste cenário, principalmente na Europa do pós-guerra, que se consolida "a proposta do Estado social, implementador de políticas sociais baseadas nos princípios sociais universais, igualitários e solidários", sendo o precursor do chamado Estado de Bem-Estar Social ou *Welfare State* (COUTO, 2006, p. 52). Pelos princípios do Estado de bem-estar social, todo o indivíduo tem direito à educação, assistência médica gratuita, auxílio no desemprego, garantia de uma renda mínima e recursos adicionais para a criação dos filhos.

À medida que o Estado tem a responsabilidade pela formulação e execução das políticas econômicas e sociais, diversos setores da sociedade disputam pelo acesso à riqueza. Muitas ações do Estado foram resultado destas lutas. Assim, política pública é a resposta do Estado frente às demandas que emergem da sociedade, caracterizando-se como um direito coletivo (CUNHA & CUNHA, 2002). Para Veronese (1999), política pública "é um conjunto de ações, formando uma rede complexa, endereçada sobre precisas questões de relevância social. São ações, enfim, que objetivam a promoção da cidadania" (p. 193). E o termo "público", associado à política, não é uma referência exclusiva ao Estado, mas sim à coisa pública, ou seja, de todos, com o amparo de uma mesma lei, porém vinculados a uma comunidade de interesses. Embora as políticas públicas sejam reguladas e frequentemente providas pelo Estado, elas também englobam preferências, escolhas e decisões privadas, podendo (e devendo) ser controladas pelos cidadãos.

No final da década de 1960, houve um esgotamento dos mercados europeu e japonês, acarretando uma nova crise capitalista na década seguinte. A partir deste período, há um reordenamento societário global, com o desenvolvimento de processos de reestruturação produtiva, a mundialização do capital financeiro e o avanço da ideologia neoliberal[1] por todo o globo. O Estado é quem irá transferir recursos para os interesses do capital, antes voltados para o provimento de políticas sociais (PEREIRA, 2006). Segundo Couto (2006, p. 70), "as políticas sociais retomam seu caráter liberal residual; a questão da garantia dos direitos volta a ser pensada na órbita dos civis e políticos, deixando os sociais para a caridade da sociedade e para a ação focalizada do Estado".

A partir daquele período até o momento atual, muitos países tiveram que fazer forte ajuste econômico, uma vez que a questão social foi agravada por diversos fatores, como: desemprego estrutural, precarização das relações de trabalho, alterações na organização familiar e no ciclo de vida (diminuição da taxa de mortalidade e aumento da longevidade, por exemplo) e aprofundamento das desigualdades sociais, gerando exclusão e, simultaneamente,

---

1. "As medidas de ajustes sobre o enfoque teórico neoliberal estão sedimentadas num projeto ideológico, político e econômico que exalta a liberdade dos mercados. São elas: a desregulamentação da economia, em que se consolida a abertura dos mercados para o livre fluxo de produtos e do capital ao tempo em que fragiliza e compromete a autonomia do Estado-nação. A orientação de recorte neoliberal consiste em medidas de geração de poupança, combate à inflação com estabilidade monetária a qualquer preço e pagamento da dívida externa no caso particular dos países endividados do Terceiro Mundo" (FIORI, apud COUTO, 2006, p. 70).

inclusão marginal de grande parcela da população (CUNHA & CUNHA, 2002). As autoras salientam que as respostas políticas dos diversos países à questão social apresentaram algumas medidas comuns, entre elas o corte de benefícios, maior seletividade (não se aplica a todos) e a focalização das políticas sociais, ou seja, atendem aos mais pobres entre os pobres. Assim, através da privatização de programas de bem-estar social, o Estado se isentou da garantia dos mínimos sociais necessários à sobrevivência humana.

Direitos sociais e políticas sociais no Brasil

Traçar a trajetória da política da assistência social no Brasil implica, necessariamente, fazer um recorte histórico com foco no Brasil Republicano. Se compararmos com a experiência internacional, não podemos falar de um Estado de Bem-Estar no Brasil. Contudo, a literatura especializada em políticas sociais aponta os anos 30 do século XX como o período em que o Estado passou a intervir nas relações entre capital e trabalho, pois, como país capitalista periférico, ingressa tardiamente no mundo industrial. Até então, a assistência social foi realizada a partir de iniciativas pontuais e não como uma concepção de política. As práticas assistenciais foram reguladas pela filantropia, inicialmente através da Igreja – principalmente católica – e depois pelo Estado, deixando profundas raízes, como veremos no decorrer do capítulo.

Segundo Mestriner (2001), podemos visualizar na trajetória brasileira fases e alianças: da filantropia caritativa à higiênica, disciplinadora, pedagógica profissionalizante, vigiada e de clientela. Paulatinamente, as intervenções no espaço urbano, de controle da pobreza e das "classes desviantes" reduziu indigentes, abandonados, inválidos e doentes à categoria de "assistidos sociais". A ação visava amparar a população socialmente desfavorecida ou que estivesse fora do mercado de trabalho, incluindo deficientes, idosos e crianças.

Para entender a trajetória brasileira e a construção dos direitos civis, políticos e sociais, é preciso reportar-nos ao descobrimento do país (1500). Mantido como colônia de Portugal por três séculos, integrou, "na sua organização social e, portanto, no campo dos direitos, traços marcantes da relação de dependência com o império lusitano" (COUTO, 2006, p. 77). A autora lembra que o sistema produtivo estabelecido com a Coroa era fundamentalmente agrícola e baseado no trabalho escravo, incidindo diretamente no campo dos direitos civis, uma vez que estes não eram considerados humanos, mas pertencentes ao seu senhor (dono). Evidencia-se essa relação nas comemorações do bicentenário da chegada da família real portuguesa ao Rio de Janeiro (1808), onde os escravos, uma das parcelas da população que deveria ser destinatária da política de assistência social, nem das festividades da chegada de Dom João VI puderam participar.

Podemos dizer que a nossa colonização pauta-se, também, pela evangelização do colonizador europeu, que culminou no massacre da memória das culturas indígena e africana, através da exploração dessas crianças (MEIHY, 1993). Na percepção dos colonizadores, os índios viviam em estado de selvageria e barbárie. Para promover as mudanças nos costumes da população indígena, os jesuítas construíram a primeira casa de recolhimento de crianças no Brasil, em 1551. Esta acolhia as crianças indígenas que eram separadas dos seus pais. Isolando-as de seus progenitores e, consequentemente, das tradições culturais, acreditavam que seria mais fácil fazê-las assimilar a cultura e a religião portuguesa. Assim, evidencia-se que a primeira iniciativa de atendimento à criança teve como eixo central a caridade. Esta partiu da Igreja Católica e do pressuposto de que as crianças precisavam modificar seu comportamento "bárbaro" (no sentido de contrário às regras e normas estabelecidas), ou seja, necessitavam de "correção", que era obtida através das referidas escolas (MARTINS & BRITO, 2001).

Também católico e no modelo de esmola, a Irmandade de Misericórdia (transferida de Lisboa) dava dotes aos órfãos e caixão para enterrar os pobres, prioritariamente aos seus integrantes. Instalou-se na cidade de São Paulo em 1560, contando com uma precária enfermaria (ao mesmo tempo albergue e hospital); provia alimentação, abrigo e enfermagem a escravos e homens livres, uma vez que não havia médicos no país. Neste mesmo modelo, em São Paulo, foram fundados o Convento de São Bento (1598), a Venerável Ordem de Nossa Senhora do Carmo (1594), a Ordem dos Frades Menores Franciscanos (1640), e o Recolhimento Santa Tereza (1685) que, além de ajuda material e de enfermagem, proviam abrigo e apoio espiritual (MESTRINER, 2001).

No século XVIII as autoridades brasileiras estavam preocupadas com o crescente fenômeno do abandono de bebês pela cidade de Salvador. Estes eram largados à noite, sendo mortos por cães e/ou outros animais. Neste sentido, aquelas reivindicaram à Coroa a permissão de se estabelecer uma primeira Roda dos Expostos[2] na referida cidade. Assim, a Santa Casa de Misericórdia aceitou a incumbência, mas exigiu do rei um subsídio. Com os mesmos argumentos, a segunda Roda foi instalada na cidade do Rio de Janeiro. A última Roda do período colonial foi instalada em Recife, em 1789. Com a Independência do Brasil continuaram a funcionar as três rodas coloniais (MARCÍLIO, 1999). Contudo, assistir às crianças abandonadas era uma incumbência aceita com muita resistência pelas Câmaras. Desta forma, estas conseguiram fazer aprovar uma lei chamada "Lei dos Municípios", em 1828, que abria a possibilidade de eximir algumas Câmaras dessa obrigação, pois estas poderiam utilizar os serviços para a instalação da Roda e assistência aos enjeitados em todas as cidades que tivessem uma Misericórdia. Nesta parceria, seria a Assembleia Legislativa Provincial, e não mais a Câmara, quem entraria com uma Roda de Expostos nas Misericórdias e colocando estas a serviço do Estado. A autora aponta que se perdia, assim, o caráter caritativo da assistência, para inaugurar uma fase filantrópica, associando-se o público e o privado. Salienta-se que essa lei também foi feita para incentivar a iniciativa particular a assumir a tarefa de criar as crianças abandonadas, liberando as municipalidades desse serviço. Neste momento, identificamos as primeiras alianças entre caridade e governo, em que a caridade toma a iniciativa e o governo entra com a verba para a manutenção dos estabelecimentos cria-

---

2. As rodas de expostos tiveram origem na Idade Média, na Itália. Elas surgiram no século XII com a aparição das confrarias de caridade, que prestavam assistência aos pobres, aos doentes e aos expostos. As rodas eram cilindros rotatórios de madeira usados em mosteiros como meio de se enviar objetos, alimentos e mensagens aos seus residentes. Rodava-se o cilindro e as mercadorias iam para o interior da casa, sem que os internos vissem quem as deixara. A finalidade era a de se evitar o contato dos religiosos enclausurados com o mundo exterior, garantindo-lhes a vida contemplativa. Como os mosteiros medievais recebiam crianças doadas por seus pais, para o serviço de Deus, muitos pais que "abandonavam" seus filhos utilizavam a roda dos mosteiros para nela depositarem o bebê. Esperavam eles que a criança não só teria os cuidados dos monges, como seria batizada e poderia receber uma educação aprimorada. Desse uso indevido das rodas dos mosteiros surgia o uso da roda para receber os expostos, fixadas nos muros dos hospitais, para cuidar das crianças abandonadas. Assim, o nome da roda provém deste dispositivo (MARCÍLIO, 1999).

dos[3]. Constatamos que as alianças/parcerias entre Estado e sociedade civil são antigas e atravessam a história, nas quais a Igreja Católica marca significativa presença.

Resgatando a história do Brasil (COUTO, 2006), percebemos que nos períodos colonial e imperial as relações entre proprietários, escravos, governo e a população em geral era marcada pela centralização do governo e dos proprietários, dificultando a circulação de informações e, consequentemente, a organização de movimentos coletivos. Embora os ideais da Revolução Francesa e as ideias provindas da Revolução Industrial (Inglaterra) fossem consideradas inconvenientes para o Brasil, paulatinamente foram trazidas por estudantes oriundos das famílias abastadas, constituindo, mesmo que de forma incipiente, a classe burguesa. Diferentemente da Europa, esses movimentos sociais que pleiteavam a emancipação de Portugal para livrarem-se do fisco e manterem a liberdade de comércio, eram, contudo, favoráveis ao trabalho escravo. Vê-se que naquela época imperavam os princípios liberais, em que os direitos civis e da liberdade individual eram irrelevantes. "No entanto, esses movimentos, embora com suas características e dificuldades de organização, representavam embriões de grupos que questionavam o poder absoluto da Coroa portuguesa de regular a vida econômica e social brasileira" (p. 81).

A autora aponta as guerras napoleônicas na Europa, no início do século XIX, como principal motivo da vinda da Família Real ao Brasil, onde a então Colônia passa à condição de Reino Unido de Portugal e Algarve. Como consequência, em 1808 o rei Dom João VI decreta a abertura do porto brasileiro para o comércio, dando liberdade de negociar com outros países. Tais movimentos fizeram crescer a mobilização em prol da independência do Brasil. Entretanto, em 1820, a Revolução do Porto (Portugal) – contrária ao Estado absolutista – faz com que Dom João VI retorne à Europa.

---

3. Segundo Marcílio (1999), a primeira província a entrar nessa nova sistemática foi a do Rio Grande do Sul, criando três Rodas: na cidade de Porto Alegre (1837), em Rio Grande (1838) e em Pelotas (1849). É necessário enfatizar que o encargo com os expostos era tarefa difícil para as Santas Casas de Misericórdia. Quem ajudava a manter essas instituições era o espírito de caridade da população. Como podemos perceber, a partir de 1830, o caráter da assistência vai deixando de ser uma ação em mãos das municipalidades e de confrarias de leigos, uma vez que as províncias vão sendo forçadas a subvencionar essa assistência e a contratar os serviços das Santas Casas e/ou das ordens religiosas para cuidar das crianças confinadas nas casas de expostos. Traçando um paralelo, constatamos o protagonismo de Porto Alegre, primeira cidade a instalar os Conselhos Tutelares, em 1992.

Quando Dom Pedro I assumiu, os grupos que defendiam a independência já tinham maior visibilidade e influência, criando as condições de possibilidade para a independência, em 1822. "Um país independente exigia uma Constituição que o organizasse", sendo que esta "passou a retratar, especialmente no campo dos direitos, os elementos da sua herança histórica: dependência política, processo de trabalho escravocrata e relações de poder, centralizados nos grandes proprietários" (COUTO, 2006, p. 83).

A primeira Constituição brasileira, promulgada em 1824, assegurou a todos os cidadãos livres, a partir de 25 anos de idade, do sexo masculino, o direito ao voto. É preciso lembrar que a abolição da escravatura, pelo menos formalmente, somente ocorreu em 1888. No que se refere aos direitos sociais, nenhuma garantia significativa foi introduzida. Já na Constituição de 1891, é reduzida aos maiores de 21 anos a condição para votar e ser eleito, vedando esse direito aos mendigos, analfabetos, praças e religiosos. No campo dos direitos sociais, dispõe o livre exercício de qualquer profissão moral, intelectual e industrial. Cabe enfatizar que as Constituições vão traduzir o momento histórico, social, político e econômico de cada país, recebendo, ainda, a influência da conjuntura que vigora no ambiente internacional (cf. COUTO, 2006).

Durante a Primeira República (da Proclamação da República, em 1889, até a Revolução de 1930), o Estado não intervinha, pois considerava que a área social não era função pública. Deste modo, a assistência era desenvolvida pela Igreja Católica (NOGUEIRA, apud MESTRINER, 2001). Contudo, o país passara por importantes mudanças econômicas e políticas, como o fim do regime de trabalho escravo e a imigração de trabalhadores europeus. Para Bulcão (2002), as discussões acerca da Lei do Ventre Livre puseram em questão a legitimidade da escravidão. Assim, quando decretada a Abolição da Escravatura, em 1888, aproximadamente meio milhão de escravos transformaram-se em mão de obra assalariada, provocando mudanças nas relações de trabalho e na economia agrícola. Soma-se a isto o grande contingente de imigrantes europeus que vinham substituir a mão de obra escrava, cujo crescimento demográfico (negros libertos, nacionais migrados do campo, estrangeiros, mulheres e crianças) acarretou no saturamento do mercado de trabalho. Como consequência, as cidades cresceram de forma desordenada em áreas em processo de modernização. E o êxodo não se deu acompanhado de proporcional aumento de empregos, nem de serviços públicos voltados à educação e à saúde.

Neste cenário, segundo Mestriner (2001, p. 68), o Estado passa a assumir funções maiores, além de coerção. "Terá o papel de regulamentação, organização, coordenação, intermediação e até de educação, enquanto promotor de uma nova cultura", em consonância com as novas exigências. "Estruturará aparelhos centralizadores para o Estado, destinados ao exercício da repressão, ao oferecimento de serviços sociais e à regulação da economia, numa época em que emerge o proletariado industrial e avança o capitalismo". Assim, o movimento armado de 1930 é resultado da ameaça da anarquia generalizada e total descontentamento popular, materializado pela chamada "questão social"; culminou na exoneração do Presidente Washington Luís e levou Getúlio Vargas ao Governo Provisório.

A Constituição de 1934 introduz direitos trabalhistas para regular as relações entre capital e trabalho. É nessa época que se institui um conjunto de medidas de proteção ao trabalhador, que mais tarde é transformado na Consolidação das Leis Trabalhistas (CLT), assegurando-se, ainda, o direito à educação primária integral e gratuita, o amparo aos desvalidos e à maternidade e à infância, com destaque para o atendimento às famílias com prole numerosa. Não é por acaso que Getúlio Vargas é até hoje reverenciado como o pai dos pobres. A economia do país transita do modelo agrário e exportador em direção a uma economia com base na indústria, iniciando a concentração da população nas cidades (cf. COUTO, 2006).

Importante destacarmos a criação do Conselho Nacional de Serviço Social (CNSS), criado em 1938, pois foi a primeira regulamentação da assistência social no país. Composto por cinco especialistas na área social e nove elementos do governo, cabia a este Conselho desenvolver estudos sobre os problemas sociais, coordenar obras sociais e estudar as concessões das subvenções. A intenção era criar "um órgão nacional de controle das ações da assistência social que associasse iniciativas públicas e privadas, rompendo o espontaneísmo da assistência esmolada e introduzindo uma organização racional e um saber no processo de ajuda" (SPOSATI, apud MESTRINER, 2001). Assim, "o Estado não só incentiva a benemerência e a solidariedade, mas passa a ser responsável por ela, regulando-a por meio do CNSS" (MESTRINER, 2001, p. 107).

Em 1937, é promulgada uma nova Constituição para dar sustentação ao Estado Novo, caracterizado por um período ditatorial que se estendeu até 1945, com a participação do Brasil na Segunda Guerra Mundial. Novos direitos são introduzidos na área da educação, priorizando as classes sociais menos favorecidas (cf. COUTO, 2006).

Em 1942, é criada a Legião Brasileira de Assistência (LBA), órgão responsável por coordenar as ações da assistência em âmbito nacional e extinta após o Governo Collor, com o indiciamento, por corrupção, da primeira-dama Rosane Collor de Mello. Dois fenômenos caracterizam esse período: a institucionalização do primeiro-damismo, com a coordenação da LBA, de Darcy Vargas, mulher de Getúlio Vargas, e o surgimento de Faculdades de Serviço Social visando à profissionalização de mulheres na área da assistência social. A LBA foi criada, inicialmente, para prestar assistência aos soldados brasileiros recrutados para a guerra e a seus familiares. Para tanto, foram mobilizadas milhares de mulheres que participavam dos cursos oferecidos pela LBA, tornando-as voluntárias para atuarem na proteção da população em caso de bombardeio, na preparação de alimentos diante de uma situação de escassez, ou na produção de materiais médico-hospitalares para serem usados na guerra (SIMILI, 2006).

Mestriner (2001) enfatiza que a institucionalização do primeiro-damismo ocorreu a partir da LBA, em que "se desloca o papel direto do Estado, que vai assumir dupla figura: uma mediada pelas organizações filantrópicas, outra pela bondade da mulher do governante" (p. 108).

Posteriormente, até a sua extinção, a LBA passou a coordenar programas de creches comunitárias, na modalidade de repasses de recursos financeiros às entidades assistenciais, mediante o estabelecimento de convênios ou através de programas eventuais, como, por exemplo, de distribuição de leite, adaptando-se ao ideário político-partidário de quem assumisse o governo federal, com centralização administrativa e sem controle social.

Na Constituição seguinte, de 1946, foram mantidos os direitos sociais já conquistados e introduzidos novos direitos que até hoje repercutem na vida de qualquer trabalhador, merecendo, portanto, o devido destaque: previdência com contribuição dos trabalhadores, dos empregadores e da União, direito da gestante ao descanso antes e depois do parto, igualdade do valor do salário para o mesmo trabalho independentemente do sexo, estado civil e nacionalidade. No governo de Juscelino Kubitschek, o Congresso aprovou a Lei Orgânica da Previdência Social, unificando a Previdência em termos de benefícios, garantindo o acesso universal a todos os trabalhadores urbanos do mercado formal. A centralização administrativa da Previdência ocorreu em 1966, com a criação do Instituto Nacional de Previdência Social (INPS). Até então cada categoria profissional podia criar seu próprio plano de aposentadoria e pensão (COUTO, 2006).

No período de 1961 a 1964, o Brasil passou por uma fase de profundo tensionamento institucional, iniciado com a renúncia do Presidente Jânio Quadros e culminando com a deposição de João Goulart pelos militares. Do ponto de vista dos avanços no campo dos direitos sociais, assegurados constitucionalmente, ocorreram a inclusão da gratificação de Natal e o pagamento de salário-família destinado às mulheres com filhos menores de idade. As duas últimas constituições, anteriores à de 1988, foram promulgadas durante o regime militar, nos anos de 1967 e 1969, respectivamente. A inspiração predominante, em ambas as Cartas, é de gênese autoritária, com cerceamento no campo dos direitos políticos e preservação das conquistas sociais, principalmente, na área trabalhista (cf. COUTO, 2006). Neste cenário, merece destaque a criação do Sistema Fundação Nacional/Estaduais do Bem-Estar do Menor[4], a partir de uma concepção ideológica da doutrina da segurança nacional, criando a categoria da criança e do adolescente em situação irregular. No que se refere à assistência social propriamente dita, cria-se a exigência de apontar a fonte de custeio para a concessão de benefícios assistenciais.

---

4. A Política do Bem-Estar do Menor (PNBEM) era definida por um órgão central, a Fundação Nacional do Bem-Estar do Menor (Funabem), e executada nos estados pelas fundações estaduais do bem-estar do menor (Febem). Pode-se dizer que a Funabem foi criada com o objetivo de formular e implantar a PNBEM, esta última com a incumbência de fixar as bases para uma nova estratégia de atendimento ao chamado "problema do menor", em consonância com os novos tempos e a imagem de eficiência e modernidade do Estado brasileiro (FROTA, 2002).

Assistência social como política pública

O período compreendido entre 1975 e 1985 corresponde a um dos grandes momentos históricos do país. O movimento político de base nos bairros (organizações reivindicatórias urbanas) e os trabalhos das Comunidades Eclesiais de Base, da Igreja Católica, possibilitaram importantes articulações políticas no meio sindical, nos partidos e em várias instituições da sociedade civil (PEREIRA, 2001). Nessa fase deu-se um avanço das forças de resistência, e desenvolveu-se a prática do enfrentamento do regime militar, que já havia perdido sua base de legitimidade junto à sociedade devido a crise econômica iniciada em 1973, à retomada vagarosa da inflação, à diminuição do paraíso do consumo das classes médias e à derrota eleitoral do regime pela união das forças opositoras da sociedade civil, em 1974. A partir deste momento – e principalmente nos anos 1980 –, vários movimentos de caráter nacional entraram em cena, tais como o movimento pela redemocratização do país e pelo pluripartidarismo, o movimento estudantil e docente, o feminismo, as lutas pela anistia, as reivindicações de profissionais da saúde e de setores públicos, a atuação da Comissão Pastoral da Terra, dentre outros. A partir de 1985, percebe-se no âmbito nacional uma nova conjuntura institucional, decorrente de novo arranjo de forças políticas, bem como do agravamento da crise econômica, com o galopante índice de inflação.

É nesse cenário e com o comprometimento do novo governo de convocar a Assembleia Nacional Constituinte, que o clima em torno da futura constituição mobilizou diferentes setores da sociedade civil e política: a elite hegemônica, os setores populares, as instituições religiosas, as organizações educacionais, das áreas de saúde e dos meios de comunicação, entre outros. Aos poucos, aumenta a importância do papel do Estado e das instituições sociais, visando o fortalecimento da democracia. Uma parte da ação dos movimentos sociais passou a privilegiar o nível institucional da ação política como espaços prioritários para a transformação social, culminando no que se convencionou chamar *"face da institucionalização dos movimentos sociais"* (PEREIRA, 2001).

A novidade no cenário das ações coletivas foi que elas passaram a ocupar canais de participação institucional com a criação de redes, conselhos, movimentos, fóruns com caráter propositivo, pautados em amplas negociações entre sociedade civil e Estado. Várias entidades surgiram, bem como movimentos do setor popular dispostos a negociarem diretamente com o Estado, como o Movimento pela Constituinte, o Movimento Nacional de Meninos e Meninas de Rua, o Movimento em prol das Reformas de Saúde, o SUS, o Movimento dos Mutuários do BNH, o Movimento dos Sem Casa, o Movimento dos Aposentados, a Criação da Pró-Central dos Movimentos Populares. "Ou seja, há uma mudança de paradigma: do modelo *expressivo-disruptivo* para uma fase *integrativo-corporativa*" (PEREIRA, 2001, p. 132).

O autor enfatiza que, com o surgimento da "Nova República", entre os anos de 1985 e 1990, novos paradigmas sociopolíticos entram em cena: recuperação do Estado e da nação, novos canais de pluripartidarismo, substituição da "pedagogia popular" por propostas relacionadas à democracia, à cidadania, ao fortalecimento da sociedade civil, à atuação de ONGs com trabalhos de parceria junto ao Estado e a projetos propositivos na esfera pública, como os conselhos da criança e do adolescente, da educação, da saúde, da habitação e dos movimentos culturais.

Segundo Cunha e Cunha, (2002), o processo de redemocratização da sociedade brasileira levou à instalação da Assembleia Nacional Constituinte e à possibilidade de se estabelecer uma outra ordem social, em novas bases, "o que fez com que esses movimentos se articulassem para tentar inscrever na Carta Constitucional direitos sociais que pudessem ser traduzidos em deveres do Estado, através de políticas públicas" (p. 13).

Assim, as décadas de 1980 e 1990, além de paradigmáticas, foram paradoxais, no que diz respeito ao encaminhamento de uma nova configuração para o cenário político, econômico e social brasileiro. De um lado, desenvolveu-se um processo singular de reformas, no que se refere à ampliação do processo democrático e à organização política e jurídica, como a promulgação da Constituição Federal em 1988 (COUTO, 2006, p. 139). Por outro lado, efetivou-se um processo de recessão e contradições no campo econômico, em que ocorreram tentativas de diminuir a inflação galopante e buscar a retomada do crescimento, tendo como eixo os princípios da macroeconomia expressa na centralidade da matriz econômica em detrimento da social. Para a autora, o paradoxo está localizado na relação entre os avanços sociais assegurados na Constituição de 1988 e as definições das diretrizes macroeconômicas que concebem as políticas sociais como consequência do funcionamento da economia e, sendo assim, acabaram por desfigurar os princípios orientadores das mesmas. Foi exatamente nesse contexto que importantes e significativos avanços foram construídos, "acarretando novas configurações e novas concepções para a área dos direitos civis, políticos e sociais, expressas na organização do sistema de seguridade social brasileiro", trazendo, para a área, a assistência social como uma política social de natureza pública (COUTO, 2006, p. 140).

A Constituição Federal de 1988 trouxe uma mudança para a concepção de assistência social no Brasil. Esta passa a constituir, juntamente com a saúde e a previdência social, a base da seguridade social, notadamente inspirada na noção de Estado de Bem-Estar Social. Este é um marco histórico que institui o início da transformação da caridade, benesse e ajuda para a noção de direito e cidadania da assistência social apontando para seu caráter de política pública de proteção social articulada a outras políticas voltadas à garantia de direitos e de condições dignas de vida.

A assistência social passa a ter caráter universal ainda que seletivo para quem dela necessita.

Como apontamos, este período é de intensa crise, com denúncias de corrupção e desvio das verbas do Ministério da Ação Social. Segundo Mestriner (2001), a pressão neoliberal e a paralisia governamental vão atingir todos os segmentos do setor público, com tendências privatistas e cortes de verbas, principalmente a educação, saúde, previdência, habitação e assistência social. As políticas sociais desmoralizam-se, demonstrando incapacidade total de autorrenovação, apesar da aprovação da nova Constituição. "As instituições e serviços se encolhem e deterioram, não conseguindo revidar as teses de Estado mínimo e de privatização" (p. 213). É nesse quadro de crise, após anos de luta, que a Lei Orgânica da Assistência Social – Loas – (Lei 8.742) é aprovada, em 07/12/1993[5].

---

5. "Paradoxalmente, tal regulamentação se dá no auge do processo de deterioração da LBA que, desmoralizada pelos escândalos da sua presidenta Rosane Collor, passa a restringir tanto sua intervenção direta quanto articulada com o conjunto privado de instituições sociais e, da mesma forma, no auge do escândalo das subvenções de parlamentares a instituições-fantasma que irá desmoralizar não só o CNSS, mas o próprio setor privado de filantropia. É como se a área tivesse que renascer da destruição total de suas instituições tradicionais, visto que elas se constituíram sempre na negação do que deveria ser a assistência social, ou seja, uma política de garantia de direitos" (MESTRINER, 2001, p. 214).

A partir da Loas, a proteção social se coloca como um mecanismo contra as formas de exclusão social que decorrem de certas vicissitudes da vida, tais como a velhice, a doença, a adversidade, as privações. Inclui neste conceito, também, tanto as formas seletivas de distribuição e redistribuição de bens materiais (como a comida e o dinheiro), quanto os bens culturais (como os saberes) que permitirão a sobrevivência e a integração sob várias formas na vida social. A assistência social configura-se como possibilidade de reconhecimento público da legitimidade das demandas de seus usuários e espaço de ampliação de seu protagonismo. Nesse sentido, marca sua especificidade no campo das políticas sociais, exigindo que as provisões assistenciais sejam prioritariamente pensadas no âmbito das garantias de cidadania sob vigilância do Estado, cabendo a este a universalização da cobertura e a garantia de direitos e acesso para serviços, programas e projetos sob sua responsabilidade.

Importante ressaltar que a Loas considera como objetivo a proteção à família, determinando-a como um dos focos de atenção da política de assistência social. Contudo, os efeitos da crise econômica não tornaram possíveis as reformas institucionais mais amplas nos sistemas de proteção social. Assim, o direito à seguridade social, garantido na Constituição, não se efetivou, principalmente no que concerne à assistência social. Como consequência (ALENCAR, 2004), vimos o aprofundamento das desigualdades sociais, constituindo-se, sob novos parâmetros, o empobrecimento dos trabalhadores e suas famílias. As medidas adotadas para enfrentar esta situação foram priorizar os programas focalizados (de cunho assistencialista), os fundos sociais de emergência e os programas sociais compensatórios voltados para o atendimento dos grupos pobres e vulneráveis. Neste cenário, corroborou para o agravamento da pobreza a tendência histórica do sistema de proteção social brasileiro, qual seja, a privatização nas áreas da saúde, educação e previdência.

A partir destas considerações, podemos dizer que a introdução da assistência social como política social da área da seguridade social incorpora uma inovação conceitual, mas também reitera as heranças históricas constitutivas da cultura brasileira. Inova, na medida em que está respaldada tanto no movimento da sociedade quanto em garantias legais, pois integra as demais políticas de proteção social. E, quanto à manutenção das velhas concepções históricas, reitera a forma restritiva da mesma, pois associa essa área ao assistencialismo e às formas emergenciais de atender à população, ou seja, vinculada à pobreza absoluta (PEREIRA, 1996). Para Couto (2004), o campo da assistência social sempre foi uma área nebulosa da relação entre Estado e sociedade civil. Os conceitos de assistencialismo e clientelismo têm sido apontados como constitutivos de uma sociedade conservadora que, por muito tempo, considerou/considera a pobreza como um atributo individual daqueles que não se empenharam para superá-la.

Em 2004, a partir das deliberações da IV Conferência Nacional da Assistência Social, é elaborado o Plano Nacional de Assistência Social (Pnas), aprovado pelo Conselho Nacional de Assistência Social (Cnas). O Pnas indica os eixos estruturantes para a sua operacionalização: concepção, territorialidade, financiamento, controle social, monitoramento e avaliação e recursos humanos. Esse processo culmina com a aprovação da regulação, em 2005, do Sistema Único de Assistência Social – Suas que, a exemplo do Sistema Único de Saúde, estabelece em suas diretrizes a descentralização político-administrativa, o atendimento a quem dela necessitar, independentemente de contribuição à seguridade social e a participação da comunidade. O Suas se propõe como instrumento para a unificação das ações da Assistência Social, em nível nacional, materializando as diretrizes da Loas. Em especial, ratifica o caráter de política pública de garantia de direitos, contrapondo-se e destituindo o histórico assistencialismo do "primeiro-damismo". Esse novo modelo de gestão da política da assistência social prioriza a família como foco de atenção e o território como base da organização de ações e serviços em dois níveis de atenção (CRUZ; SCARPARO & GUARESCHI, 2007).

Para Sposati (2006), o Suas não é um programa, mas uma forma de gestão da assistência social como política pública; inscreve-se como uma das formas de proteção social não contributiva, "como responsabilidade de Estado a ser exercida pelos três entes federativos que compõem o poder público brasileiro" (p. 110). O Suas provoca, assim, uma ruptura com a concepção da assistência social identificada com a benevolência aos pobres e destituídos de cidadania. Essa concepção, que permeou praticamente todo o século passado, delegou à Igreja o papel de prestar assistência aos necessitados sob a ótica da caridade e da benemerência, propiciando, ainda, a criação de entidades filantrópicas para atender às demandas sociais, como concessão e não um direito.

O Suas inova ao definir níveis diferenciados de complexidade na organização dos equipamentos públicos de proteção social. A Proteção Social Básica objetiva prevenir situações de risco através do desenvolvimento de potencialidades e aquisições, e o fortalecimento de vínculos familiares e comunitários. Destina-se à população que vive em situação de vulnerabilidade social decorrente da pobreza, com precário acesso aos serviços públicos e/ou fragilização de vínculos afetivos. Prevê o desenvolvimento de serviços, programas e projetos locais de acolhimento, convivência e socialização de famílias e de indivíduos, conforme identificação da situação de vulnerabilidade apresentada. Já a Proteção Social Especial é a modalidade de atendimento destinada a famílias e indivíduos que se encontram em situação de risco pessoal e social, por ocorrência de maus-tratos físicos e/ou psíquicos, abuso sexual, cumprimento de medidas socioeducativas, situação de trabalho infantil, dentre outras. As dificuldades em exercer funções de proteção fragilizam a identidade do grupo familiar, tornando mais vulneráveis seus vínculos simbólicos e afetivos.

As práticas da psicologia no contexto do Suas

A partir do Suas, está previsto nos Centros de Referência da Assistência Social (Cras) e nos Centros de Referência Especializados de Assistência Social (Creas) o profissional de psicologia na composição da equipe mínima. Perguntamos quais as práticas da psicologia nestes centros? No sentido de contribuir para este debate, cabe como questão, que interpretação e operacionalização de ações se efetivarão na articulação da rede básica e especializada de serviços socioassistenciais quando uma ação de abrigamento temporário para uma criança pequena é requerida nos chamados casos de "negligência" em que a segurança da criança requer um acolhimento em tempo integral e, ao mesmo tempo, o investimento no trabalho com a presença dos pais. Como poderiam se constituir centros de convivência nos quais a criança pudesse permanecer dia e noite e que facilitassem as visitas diárias dos pais ou familiares? As "famílias substitutas" seriam uma ação da proteção básica ou especializada, ou seriam uma ação especializada na atenção básica? A preocupação que esta dicotomia entre básica e especializada nos coloca tem raízes nas práticas históricas, pois mesmo as mais bem-intencionadas, muitas vezes resultaram no indesejado reforço da institucionalização (CRUZ; SCARPARO & GUARESCHI, 2007).

O Suas propõe, como uma das formas de efetivação, a implantação do Programa de Atenção Integral à Família (Paif), que é um serviço continuado de proteção social básica desenvolvido nos Centros Regionais da Assistência Social. Esses Centros são espaços físicos localizados estrategicamente em áreas de pobreza, prestando atendimento socioassistencial, articulando os serviços disponíveis em cada localidade e potencializando a rede de proteção social básica. O Paif destina-se a promover o acompanhamento de famílias em uma determinada região (territorialização); potencializar a família como unidade de referência, fortalecendo vínculos internos e externos de solidariedade; contribuir para o processo de autonomia e emancipação social das famílias, fomentando seu protagonismo; desenvolver ações que envolvam diversos setores, com o objetivo de romper o ciclo de reprodução da pobreza entre gerações; e atuar de forma preventiva, evitando que essas famílias tenham seus direitos violados, recaindo em situações de risco. Essas famílias, em decorrência da pobreza, estão vulneráveis, privadas de renda e do acesso aos serviços públicos, com vínculos afetivos frágeis, discriminadas por questões de gênero, etnia, deficiência, idade, entre outras (CRUZ; SCARPARO & GUARESCHI, 2007).

No município de Porto Alegre, o Paif teve seu projeto de execução aprovado em 2004, com o foco na potencialização da rede. Foi constatado que algumas famílias que vinham sendo atendidas através de programas de orientação e apoio sociofamiliar continuavam em situação de vulnerabilidade, principalmente no que se refere às crianças na sinaleira. Contudo, o monitoramento de crianças e adolescentes na rua acontecia no centro da cidade, através de denúncias, bem como do trabalho infantil nas feiras, caracterizando-se como reincidência ou início da situação de risco, não havendo visibilidade da mendicância nos bairros. Além disto, foi observado, também, que questões de sofrimento psíquico tinham particular importância na dificuldade de algumas famílias no sentido emancipatório.

Cabe questionarmos qual a diferença entre encaminhar uma família para atendimento em saúde mental, como psicoterapia ou terapia familiar e a medida de proteção legal de orientação e apoio sociofamiliar. A questão parece estar na identificação de situação de violação de direitos da criança ou adolescente, como abuso sexual, maus-tratos e negligência, algumas vezes associada à dependência de substâncias psicoativas, ou trabalho infantil, ou situação de rua, para citar alguns exemplos. Interrogamo-nos, especialmente, quando a família não busca ajuda por si própria. Quando é necessário que um "terceiro" venha intervir, seja a escola, a saúde, a comunidade diretamente, ou através dos operadores de direito como o Ministério Público e Juizado da Infância e Juventude. A demanda, neste caso, está colocada fora, a partir de um outro, e o trabalho será baseado na constituição da demanda de tratamento. Muitas vezes o encaminhamento não é cumprido pela família, gerando uma determinação legal, ou até uma medida de abrigamento da criança ou adolescente. Assim, como trabalhar o retorno à família, uma vez que está implícito que esta faça movimentos de adesão e permanência em tratamento?

As psicólogas Rispoli, Vinãs e Susin (2004) afirmam que sustentar a escuta da subjetividade do usuário face à violação de direitos da criança e do adolescente não é tarefa fácil. Citam como exemplo quando uma criança está fora da escola e isso não é problema para sua mãe. O dilema é operar de dois lugares: do lado do direito, considerando a lei jurídica, que aponta para a normatização das condutas ou do lado da escuta, considerando o ponto de vista da verdade do sujeito[6]. Paradoxalmente, a psicologia vai olhar (ou não) para outros fatores, tais como relativizar os atos do sujeito e escutar em que lugar ele se situa frente a essa violação. Levar em consideração como se organizam os laços familiares, que princípios e valores regem este grupo familiar. O desafio está colocado: como trabalhar com os programas de orientação e apoio sociofamiliar de forma a promover a autonomia, os direitos das famílias, sem que essa ação se transforme em mais um veículo de controle? Esses programas

---

6. Estas questões foram trazidas pelas psicólogas Janete Constantinou, Marisa Warpechowski e Luciane Susin no "Debate sobre a Psicologia na Assistência Social", promovido pela Comissão de Políticas Públicas do Conselho Regional de Psicologia do Rio Grande do Sul, no dia 16/05/2005.

seriam os novos aparelhos da "Polícia das Famílias"?[7] Muitas ações configuram-se em dispositivos de controle sobre as famílias e os sujeitos, exatamente como se viu com a figura do criminoso (FOUCAULT, 1984) e com os dispositivos higiênicos que fundaram a família nuclear moderna (DONZELOT, 2001).

Se a política de Assistência Social é processo de *travessia* para garantir o acesso às demais políticas públicas, este tem sido "a nado e contra a correnteza". A pobreza muitas vezes ainda é percebida como um atributo individual daqueles que não se empenharam em superá-la. São poucas as pessoas que acessam a assistência social para garantir seus direitos e, muitas vezes, ainda são vistas como "pedintes". Para a psicologia comprometida com o reconhecimento das singularidades e a promoção da autonomia, da superação do trabalho infantil de crianças nas sinaleiras, enfim, com intervenções assertivas que garantam os direitos estabelecidos em lei, isto envolve uma mudança de olhares e, com certeza, um avanço na integração da rede que leve seu texto às últimas consequências no sentido da mudança pela via da integração. Ou corre o risco de ser mais um sistema que só fica bonito no papel.

Algumas interrogações

Quando nos perguntamos sobre o processo de implantação do Suas, em nível federal, estadual e municipal, alguns estranhamentos, ou melhor, velhos paradigmas são encontrados. A seguir, algumas problematizações.

Iniciamos com a criação do Programa de Aceleração do Crescimento (PAC), que tem como objetivos gerais: promover a aceleração do crescimento econômico, o aumento do emprego e a melhoria das condições de vida da população brasileira (BRASIL, 2007). Para garantir a implementação do PAC nas favelas de grande contingente populacional do Rio de Janeiro, o Estado teve que recorrer à presença da polícia e da Força de Segurança Nacional

---

7. Donzelot (2001), no livro *A polícia das famílias*, discute como na França dos séculos XVIII e XIX o social se centrou em torno da família, dos seus exercícios e deveres. Sob o pretexto de promover a assistência aos segmentos pobres, e utilizando-se da produção de um sentimento de responsabilidade social, elege-se o controle e a disciplinarização para fazer valer a ordem econômico-político-social vigente, que favorecia os interesses da burguesia ameaçados pela crescente miséria. Dessa forma, a ascensão do social vai promover a produção de modelos de família, educação e trabalho.

de modo a possibilitar o acesso da população às ações do referido Programa. Esse fato é emblemático para entendermos as consequências da prolongada ausência do poder público nesses territórios. Com o vazio de autoridade no cumprimento dos direitos sociais, a periferia passou a ser *assistida* pelos traficantes e, mais recentemente, *protegida* pelas milícias formadas por policiais. A gravidade da omissão e negligência do Estado em relação a esse segmento é tão grande que as milícias cobram, por exemplo, uma taxa dos moradores para a entrega domiciliar de um botijão de gás, recebem cestas básicas do comércio local para, em troca, mantê-lo com as portas abertas, dentre tantas outras demonstrações de poder paralelo instituído com a anuência do poder estatal. Todo esse panorama configura a situação, ainda frágil, das políticas sociais no país. A propósito, indagamos qual é a inter-relação entre o PAC e a Política Nacional de Assistência Social, uma vez que o PAC, pelo menos nas favelas cariocas, prometera dar encaminhamento às questões de habitação, de pavimentação e alargamento das vias para permitir a circulação de transporte de atendimento em caso de emergência, implantação de creches, dentre outras iniciativas.

Será que mais uma vez as exigências econômicas foram determinantes para dar conta das políticas sociais? Lembremos que o PAC utiliza recursos orçamentários da seguridade social e do Ministério da Fazenda como fonte de financiamento. A gestão do PAC está vinculada à Casa Civil que, juntamente com as esferas governamentais dos estados e municípios, são responsáveis por sua execução. Segundo dados oficiais, não fica claro como o referido Programa se articula com as demais políticas sociais, parecendo pressupor que esse processo se dê espontaneamente.

Outros exemplos referem-se a vivências cotidianas. Observa-se que apesar do aparato previsto no Suas para oferecer serviços à população, quando há necessidade de acionar a política pública da assistência social, a população, muitas vezes, desconhece seus direitos neste âmbito, não é informada a respeito dos programas da rede socioassistencial disponíveis no município e, quando tem conhecimento, adota uma postura de descrédito quanto à efetividade de encaminhamento de suas demandas. Para ilustrar esta situação, relatamos o caso de um cidadão que buscou apoio no Cras, de um município de Santa Catarina, para conseguir uma cadeira de rodas a ser utilizada por um familiar, de 101 anos, que sofrera um acidente vascular cerebral. Esse Cras está situado geograficamente ao lado da Unidade Básica de Saúde, que o citado cidadão frequenta e, mesmo assim, passa-lhe despercebido. Diante da assistente social, o familiar justificou a necessidade da cadeira, adotando uma postura de pedir um favor ao ente público, tendo em vista a dificuldade de locomoção da idosa, principalmente para fazer a higiene pessoal. Para sua surpresa, recebeu a resposta que existiam cadeiras de roda disponíveis sim, que estavam em manutenção, por iniciativa do Rotary Club[8] da cidade, mas que, quando as cadeiras fossem devolvidas ao Cras, o familiar seria informado para ir recebê-la. Passados dois meses, o familiar conseguiu auxílio de amigos/vizinhos para adquiri-la.

Cabe salientar que o referido cidadão pertence à classe média baixa e, pela primeira vez, acreditara na resolutividade do poder público para suprir uma necessidade que encontra amparo nos dispositivos da Política Nacional de Assistência Social, cujos princípios são: I. Supremacia do atendimento às necessidades sociais sobre as exigências de rentabilidade econômica; II. Universalização dos direitos sociais, a fim de tornar o destinatário da ação assistencial alcançável pelas demais políticas públicas; III. Respeito à dignidade do cidadão, à sua autonomia e ao seu direito a benefícios e serviços de qualidade, bem como à convivência familiar e comunitária, vedando-se qualquer comprovação vexatória de necessidade; IV. Igualdade de direitos no acesso ao atendimento, sem discriminação de qualquer natureza, garantindo-se equivalência às populações urbanas e rurais; V. Divulgação ampla dos benefícios, serviços, programas e projetos assistenciais, bem como dos recursos oferecidos pelo poder público e dos critérios para sua concessão (BRASIL, 2004).

No caso relatado, apesar da vigência do Suas, podemos observar o descompasso e a desarticulação entre a saúde (SUS) e a assistência social (Suas). Vemos também que o poder público manteve a prática de recorrer à sociedade civil para cumprir com suas responsabilidades legais, explicitando a reprodução das velhas práticas, principalmente no que se refere à falta de recursos para o financiamento dos programas e serviços destinados à população.

---

8. O Rotary Club é uma entidade de abrangência internacional, cujo lema é "servir a comunidade". Constituído por empresários de vários setores, cada grupo se reúne semanalmente para discutir as ações sociais eleitas e receber o apoio financeiro da entidade.

Como se vê, a lógica perversa ainda se perpetua, adiando a cidadania. Quando o usuário desconhece seus direitos, reprime a demanda, não reivindica a formulação, a execução e o financiamento da política, deixando de pressionar o poder público a cumprir com suas atribuições.

Já a pesquisa de Waiselfisz et al. (2004), cujo foco foi a caracterização da Rede de Proteção às Famílias em Situação de Vulnerabilidade Social no município de Porto Alegre, apontou que a maioria das informantes soube do Programa Família: Apoio e Proteção através dos Conselhos Tutelares (que as encaminharam), assim como de informações de vizinhos/amigos, bem como nos próprios centros de atendimento da Rede Básica de Assistência Social. O estudo apontou também que as entrevistadas têm um bom nível de conhecimento sobre a documentação exigida, critérios de seleção, valor dos benefícios, compromissos para a renovação, duração, bem como procedimentos de suspensão e desligamento. Contudo, a partir de informações na pesquisa de campo de Cruz (2006), ainda são poucas as pessoas que acessam a assistência social para garantir seus direitos, e muitas se colocam na posição de "pedinte". Isso não surpreende, pois o referido estudo denota também a indignação do Conselho Tutelar, por exemplo, quando usuárias solicitam ingresso em programas da assistência social, afirmando que "é mais fácil pedir do que trabalhar".

No Brasil, presenciamos o enfraquecimento dos movimentos sociais no início do século XXI. Entretanto, algumas vozes interrogam: "Sr. comprador, este povo não tem onde morar. Vai comprar o povo junto?" Esse é o texto de uma faixa afixada nas proximidades da Vila Safira, zona leste de Porto Alegre, região de grande concentração de pobreza e alto índice de violência, segundo apuração do Conselho Tutelar da referida microrregião. O texto expressa, de maneira tragicômica, a sabedoria popular para abordar o dilema do déficit habitacional, apontando as necessidades de moradia da população pobre. Ao que se pode deduzir, é uma alusão à venda de uma área de terra, ocupada pela população, remetendo para algumas questões centrais no que se refere aos mínimos sociais já comentados anteriormente e que estão contemplados naquilo que a Política Pública de Assistência Social configura como passíveis de proteção social especial, cuja ética "pressupõe o respeito à cidadania, o reconhecimento do grupo familiar como referência afetiva e moral e a reestruturação das redes de reciprocidade social" (BRASIL, 2004).

O pressuposto da teoria econômica, de matriz liberal, diz que o mercado é suficientemente capaz de regular as relações capitalistas de oferta e demanda, indicando que a moradia tornou-se uma mercadoria como qualquer outra. E, nesse caso, o próprio povo se vê identificado como mercadoria.

O que demanda a frase no cartaz? Há um pedido de ser reconhecido como cidadão, com o direito de morar e de não ser tratado como mercadoria. Como trabalhar outras formas de inserção das pessoas que estão fora das políticas habitacionais, como aponta o cartaz? A equipe técnica do Cras, por exemplo, poderia desenvolver grupos operativos no sentido de organização comunitária, propiciando e instrumentalizando as pessoas que vivem nessas comunidades a ocupar seu espaço político na sociedade. Uma possibilidade é a preparação destas para a representação em fóruns participativos, nos quais muitas demandas são desconsideradas por inviabilidade técnica. Passa pelo resgate da assessoria técnica aos grupos populares para a elaboração de propostas, apropriação da legislação, normas e diretrizes, inclusive propiciando o debate e a exigência dos seus representantes políticos na defesa dos seus direitos, o que é bem diferente da troca de favores. Entretanto, para tal, é necessário trabalhar para uma mudança de posição entre quem dá e quem recebe. Passa pelo exercício de autonomia/autoria, fundamental para o reconhecimento da capacidade do cidadão (independente do grau de instrução ou nível socioeconômico).

Para finalizar, urge trazermos para este cenário a nossa prática da docência. Vemos que a formação acadêmica[9], muitas vezes, ainda privilegia o conhecimento técnico-científico, utilizando-se de concepções e práticas avaliativas e adaptacionistas. É comum ouvirmos dos alunos e das alunas que os pobres não trabalham mais porque recebem a bolsa-família ou *"só não trabalha quem não quer, pois tem emprego para quem se esforça"*. Trabalhar com políticas públicas exige pensar a partir do lugar do outro, e não apenas reproduzir conhecimentos ou aprender técnicas; implica sensibilizar para tópicos (pouco contemplados na academia) como

---

9. Quando nos referimos à formação acadêmica, não estamos restringindo à Psicologia, mas aos variados cursos em que ministramos disciplinas, como Serviço Social, Pedagogia, Licenciatura em História, Letras, Matemática, entre outras.

assistência social, direitos humanos, cidadania, movimentos sociais e conselhos. O desafio é articular a dimensão política na formação acadêmica e, consequentemente, nas práticas profissionais, pois são indissociáveis.

Referências

ALENCAR, M.M.T. (2004). Transformações econômicas e sociais no Brasil dos anos 1990 e seu impacto no âmbito da família. In: SALES, M.A.; MATOS, M.C. & LEAL, M.C. (orgs.). **Política social, família e juventude**: uma questão de direitos. São Paulo: Cortez.

BRASIL (2007). **Programa de Aceleração do Crescimento 2007-2010**. Brasília: [s.e.], 22/01.

_____ (2004. **Política Nacional de Assistência Social**. Brasília: Ministério do Desenvolvimento Social e Combate à Fome/Secretaria Nacional de Assistência Social.

BULCÃO, I. (2002). A produção de infâncias desiguais: uma viagem na gênese dos conceitos "criança" e "menor". In: NASCIMENTO, M.L. (org.). **Pivetes**: a produção de infâncias desiguais. Niterói/Rio de Janeiro: Intertexto/Oficina do Autor.

COUTO, B.R. (2004). **O direito social e a assistência social na sociedade brasileira**: uma equação possível? 2. ed. São Paulo: Cortez.

CRUZ, L.R. (2006). **(Des)articulando as políticas públicas no campo da infância**: implicações da abrigagem. Santa Cruz do Sul: Edunisc.

CRUZ, L.R.; SCARPARO, M.L.D.-E. & GUARESCHI, N.M.F. (2007). La trayectoria de la asistencia social en Brasil: atención a la familia y el lugar de la Psicología. **Diversitas: perspectives en psicología**, vol. 3, n. 2, p. 263-273. Bogotá.

CUNHA, E.P.; & CUNHA, E.S. (2002). Políticas públicas sociais. In: CARVALHO, A. et al. (orgs.). **Políticas públicas**. Belo Horizonte: UFMG/Proex.

DONZELOT, J. (2001). **A polícia das famílias**. 3. ed. Rio de Janeiro: Graal.

FOUCAULT, M. (1984). **Vigiar e punir** – História da violência nas prisões. 3. ed. Petrópolis: Vozes.

FROTA, M.G. (2002). A cidadania da infância e da adolescência: da situação irregular à proteção integral. In: CARVALHO, A. et al. (orgs.). **Políticas públicas**. Belo Horizonte: UFMG/Proex.

HUBERMAN, L. (1971). **História da riqueza do homem**. 7. ed. Rio de Janeiro: Zahar.

MARCÍLIO, M.L. (1999). A roda dos expostos e a criança abandonada na história do Brasil. In: FREITAS, M.C. (org.). **História social da infância no Brasil**. São Paulo: Cortez.

MARTINS, C.F. & BRITO, L.M.T. (2001). Resgatando a história da política de atendimento ao adolescente em conflito com a lei no Brasil. In: JACÓ-VILELA, A.M.; CEREZZO, A.C. & RODRIGUES, H.B.C. (orgs.). **Clio-Psyché ontem** – Fazeres e dizeres psi na história do Brasil. Rio de Janeiro: Relume Dumará/Faperj.

MEIHY, J.C.S.B. (1993). Prefácio. In: ATAÍDE, Y.D.B. **Decifra-me ou devoro-te** – História oral de vida dos meninos de rua de Salvador. São Paulo: Loyola.

MESTRINER, M.L. (2001). **O Estado entre a filantropia e a assistência social**. São Paulo: Cortez.

MINISTÉRIO DO DESENVOLVIMENTO SOCIAL (MDS) (s.d.). **Programa de Atenção Integral à Família (Paif)** [http://www.mds.gov.br/programas/paif/ – Acesso em 20/03/05].

OLIVEIRA, Í.M. (2007). Direitos, cultura de direitos e assistência social. **Serviço Social & Sociedade**. São Paulo, ano 27, n. 89, mar., p. 5-30. São Paulo: Cortez.

PEREIRA, D.L. (2006). Políticas públicas de assistência social brasileira: avanços, limites e desafios. **Centro Português de Investigação em História e Trabalho Social**, Lisboa [http://www.cpihts.com/PDF02/Larissa%20Dahmer%20Pereira.pdf].

PEREIRA, P.A. (1996). **A assistência social na perspectiva dos direitos** – Crítica aos padrões dominantes de proteção social aos pobres no Brasil. Brasília: Thesaurus.

PEREIRA, W.C. (2001). **Nas trilhas do trabalho comunitário e social**: teoria, método e prática. Petrópolis/Belo Horizonte: Vozes/PUCMinas.

RISPOLI, A.; VINÃS, A.C. & SUSIN, L.M. (2004). A Psicologia na assistência social: desafios e reflexões. In: FUNDAÇÃO DE ASSISTÊNCIA SOCIAL E CIDADANIA (org.). **I Seminário Regional de Práticas Sociais** – Rede de Proteção à Criança e ao Adolescente em Situação de Risco Social. Porto Alegre: Evangraf.

SIMILI, I.G. (s.d.). A construção de uma personagem – A trajetória da Primeira-dama Darcy Vargas. In: *Seminário Internacional Fazendo Gênero*:

gênero e preconceitos. Florianópolis [http://www.fazendogenero7.ufsc.br/artigos/I/Ivana_Guilherme_Simili_42.pdf].

SPOSATI, A. (2006). O primeiro ano do Sistema Único de Assistência Social. **Serviço Social & Sociedade**, ano 26, n. 87, set., p. 96-122. São Paulo: Cortez.

VERONESE, J.R.P. (1999). **Os direitos da criança e do adolescente**. São Paulo: LTR.

WAISELFISZ, J.J. et al. (2004). **Nos caminhos da inclusão social** – A rede de participação popular de Porto Alegre. Brasília: Unesco.

2
O SISTEMA ÚNICO DA ASSISTÊNCIA SOCIAL – Suas: na consolidação da Assistência Social enquanto política pública

Berenice Rojas Couto

Um longo caminho separa a promulgação da Lei Orgânica de Assistência Social – Loas da criação do Sistema Único de Assistência Social – Suas. Desde dezembro de 1993, quando a Lei 8.742 garantiu o direito à assistência social como política pública e fechou o ciclo de regulamentações do campo da Seguridade Social, que se instalou um processo de disputa sobre a necessidade de estabelecer parâmetros civilizatórios que incidissem no campo da emancipação de parcela significativa da população brasileira que está afeto à proteção social garantida pela Assistência Social.

É importante apontar que o trato no campo da política social pública brasileira apresenta-se eivado de contradições, em que por um lado há a garantia constitucional da Seguridade Social e do tripé que a compõe – Previdência Social, Saúde e Assistência Social e de suas leis respectivas[1], enfeixando assim, após 1988, o sistema de proteção social brasileiro, e por outro a presença dos pré-conceitos que permeiam a compreensão sobre o acesso a políticas públicas e o papel do Estado e da sociedade brasileira na garantia desse acesso. Particularmente o campo da assistência social é caudatário de uma herança cultural bastante perversa onde,

> a forma assistencialista como se apresenta a Assistência Social no Brasil pode ser analisada a partir da constatação de que: do ponto de vista político, as intervenções no campo da política social e, particularmente, na Assistência Social, vêm se apresentando como espaço propício à ocorrência de práticas assistencialistas e clientelistas, servindo também ao fisiologismo e à formação de re-

---

1. A Lei da Previdência Social 3.807/60, a Lei da Saúde 8.080/89 e a Lei da Assistência Social, 8.742/93.

dutos eleitorais [...] Em outras palavras, tratamos aqui de uma espécie de "cultura política" que nega a identidade social dos subalternos e seu pertencimento a uma classe; tratamos de uma forma de ocultar o conflito e a resistência e de legitimar a dominação (YAZBEK, 1993, p. 41).

Esse caldo de cultura, assentado no clientelismo, na subalternidade, tem sido o principal desafio a ser enfrentado pelos formuladores e gestores da política. O avanço jurídico tem sido constantemente contrastado com práticas baseadas na cultura do favor, pouco assegurando as condições para a afirmação de um rompimento radical no caminho para alteração da forma de pensar e processar o acesso à política como direito social.

Esses elementos são constitutivos do trato com a questão social[2] no Brasil, onde as demandas da população por verem atendidas suas necessidades sociais foram consolidadas na ótica da regulação trabalhista, portanto só para quem estava inserido no mercado formal de trabalho, ou deixadas ao encargo das entidades filantrópicas privadas, e seu acesso dava-se na condição ou de cidadania regulada (SANTOS, 1988) ou de subcidadania.

Então, a introdução no campo jurídico formal do direito a ter direito na assistência social é bastante importante e contraditório, pois "a introdução da assistência social como política social da área da seguridade social incorpora uma inovação conceitual, mas também reitera as heranças históricas constitutivas da cultura política brasileira" (COUTO, 2004, p. 156), colocando-se em disputa o direito público de ter acesso ao atendimento na condição de cidadão. A assistência social que, com a Lei 8.742/93, ganha estatuto de política social pública "dever do Estado e direito do cidadão", deve estar à disposição de quem dela precisar, sem necessidade de contrapartida, assim,

> essa definição da política de Assistência Social engloba diversos aspectos inovadores: (a) a sua definição como política social; (b) a definição de que é possível existir provisão social sem que, para isso, seja necessária a contribuição financeira de quem é demandatário da política; e (c) o caráter universalizante, colocando-a no

---

2. Questão social aqui apreendida como forma de desigualdade social e também como forma de resistência da classe trabalhadora frente a todas as formas de opressão colocadas pela sociedade capitalista (IAMAMOTO, 2001).

rol de integração com as demais políticas sociais e principalmente econômicas (COUTO, 2004, p. 160).

A assistência social transita de um campo que historicamente assenta-se na órbita da relação pessoal, tratada como particularidade da esfera privada com recursos insuficientes, com programas fragmentados, na maioria das vezes, fundados na esfera da moralidade, para a esfera pública e afiançadora de direito social.

> Inegavelmente, a Loas não apenas introduz novo significado para a Assistência Social, diferenciando-a do assistencialismo e situando-a como política de seguridade voltada à extensão da cidadania social dos setores mais vulnerabilizados da população brasileira, mas também aponta a centralidade do Estado na universalização e garantia de direitos e de acesso a serviços sociais qualificados, ao mesmo tempo em que propõe o sistema descentralizado e participativo na gestão da Assistência Social no país, sob a égide da democracia e da cidadania (YAZBEK, 1997, p. 9).

A centralidade do Estado na garantia da política é outra novidade conceitual que não tinha precedente no caso brasileiro; o reconhecimento da responsabilidade na garantia de direitos sociais sempre foi uma lacuna na história brasileira. O atendimento às necessidades sociais da população mais pobre sempre ficaram afetas a um papel secundário, produto de circunstâncias casuísticas, da relação com as entidades privadas e/ou filantrópicas e financiadas por renúncia fiscal, na maioria dos casos. O atendimento então foi construído a partir:

> de trajetória fragmentada, sem força política para incidir nos orçamentos estatais; reconhecida como campo da benemerência, do trabalho voluntário, da não necessidade de instrumentos de qualidade técnica e de eficiência política, o trabalho assistencial permaneceu por longo tempo à margem do debate político (COUTO, 2007, p. 28).

Ao ser introduzida como política de seguridade social, impõe o debate político; ganham visibilidade as formas tradicionais assistenciais, bem como se instala um movimento pela garantia de alteração radical nesse campo da política social, que pode ser evidenciada na própria lei, constituindo-se em:

> [...] um tipo particular de política social que caracteriza-se por:
>
> a) genérica na atenção e específica nos destinatários;
>
> b) particularista, porque voltada prioritariamente para o atendimento das necessidades sociais básicas;

c) desmercadorizável;

d) universalizante, porque, ao incluir segmentos sociais excluídos no circuito de políticas, serviços e direitos, reforça o conteúdo universal de várias políticas socioeconômicas setoriais (PEREIRA, 1996, p. 29).

A Loas, Lei 8.742/93 define a assistência social como política de seguridade social, direito do cidadão e dever do Estado que deve universalizar direitos sociais, tem como diretrizes:

Art. 5: A organização da assistência social tem como base as seguintes diretrizes:

I. descentralização político-administrativa para os Estados, o Distrito Federal e os Municípios, e comando único das ações em cada esfera de governo;

II. participação da população, por meio de organizações representativas, na formulação das políticas e no controle das ações em todos os níveis;

III. primazia da responsabilidade do Estado na condução da política de assistência social em cada esfera de governo (BRASIL/MDS, 2004).

Na primeira diretriz aponta para a necessidade de construir de forma republicana a responsabilidade sobre o planejamento e execução da política, rompendo com a tradicional centralização no governo federal da execução de programas sociais. Além do partilhamento de poderes entre os governos federal, estadual e municipal, indica que é no município que a política deve ser projetada, pois se constitui no *locus* privilegiado da formulação da política. Além disso, a diretriz impõe a necessária decisão sobre a responsabilidade com a política de assistência social, indicando a necessidade de comando único em cada esfera de governo, buscando romper com a pulverização e fragmentação de programas assistenciais, tão comuns no Brasil.

Na segunda diretriz, institui a necessidade de controle social que deve ser exercido através da participação cidadã da população, desde o processo de formulação até o controle das ações. Essa diretriz, que ainda se apresenta como um grande desafio para a assistência social, recoloca as condições de acesso na perspectiva do exercício de cidadania. A população deixa de ser o receptáculo das ações para ser protagonista nas decisões do campo da política assistencial.

Por fim, a terceira diretriz aponta para a centralidade do governo na responsabilidade da garantia do acesso aos direitos socioassistenciais. Nessa área, é forte a presença de entidades privadas, assistenciais e filantrópicas que, por longo tempo, por delegação do estado brasileiro, foram as únicas responsáveis pelo atendimento às demandas da população pobre.

A partir dessas diretrizes, buscando materializar-se na vida da população brasileira, a assistência social foi construindo o caminho que tem como marco, após treze anos de promulgação da lei, a constituição da Política Nacional e do Suas, enquanto sistema que dá organicidade à área.

A Política Nacional de Assistência Social: fundamentos essenciais ao reconhecimento dos direitos socioassistenciais

Em 15 de outubro de 2004, o Conselho Nacional de Assistência Social – Cnas – aprovou a atual Política Nacional de Assistência Social – Pnas, publicada no *Diário Oficial da União* em 28 de outubro de 2004. Essa formulação da política foi elaborada a partir de amplo debate nacional, balizado pelas críticas à política editada em 1998. O debate nacional circulava em torno das imprecisões apresentadas na área e da necessidade de estabelecer parâmetros claros, objetivos de como compreender e viabilizar o acesso à assistência social como direito social.

Assim, na Pnas/2004, a assistência social é definida como "[...] direito de cidadania, com vistas a garantir o atendimento às necessidades básicas dos segmentos populacionais vulnerabilizados pela pobreza e pela exclusão social" (PNAS, 2005, p. 68), apontando assim o papel central da política como asseguradora de direito social, na perspectiva do atendimento das necessidades sociais básicas e aponta para a definição da população usuária.

Estabelece como funções da política de assistência social:

a) **Inserção:** inclusão dos destinatários nas políticas sociais básicas proporcionando-lhes o acesso a bens, serviços e direitos usufruídos pelos demais segmentos da população;

b) **Prevenção:** criar apoios nas situações circunstanciais de vulnerabilidade, evitando que o cidadão resvale do patamar de renda alcançado ou perca o acesso que já possui aos bens e serviços, mantendo-o incluído no sistema social a despeito de estar acima da linha de pobreza;

c) **Promoção:** promover a cidadania, eliminando relações clientelistas que não se pautam por direitos e que submetem, fragmentam e desorganizam os destinatários e

d) **Proteção:** atenção às populações excluídas e vulneráveis socialmente, operacionalizadas por meios de ações de redistribuição de renda direta e indireta (PNAS – BRASIL/MDS, 2005).

Funções que ao se integrarem cumprem o papel de resgatar e concretizar direitos antes negados. Ainda, nesse sentido, a Pnas/2004, reafirma a necessidade de articulação com outras políticas sociais, com vistas a assegurar o acesso aos direitos sociais. Apresenta como objetivos:

I. prover serviços, programas, projetos e benefícios de proteção social básica e ou especial para famílias, indivíduos e grupos que dela necessitem;

II. contribuir com a inclusão e a equidade dos usuários e grupos específicos, ampliando o acesso aos bens e serviços socioassistenciais básicos e especiais, em áreas urbana e rural;

III. assegurar que as ações no âmbito da Assistência Social tenham centralidade na família e que garantam a convivência familiar e comunitária (MDS/PNAS, 2005, p. 33).

Esses objetivos reafirmam a função precípua da política de assistência social no sentido de atender às demandas que lhe cabem com uma rede de serviços, projetos e benefícios, articulados de forma sistemática, garantida sua continuidade a populações urbanas e rurais. Para isso indica a necessidade da garantia de inclusão e de equidade no acesso e aponta a centralidade da família nas propostas de atendimento, amplificando a compreensão daqueles que se constituem como demandatários. Assim, na definição do usuário, a Pnas aponta serem eles:

Cidadãos e grupos que se encontram em situações de vulnerabilidade e riscos, tais como: famílias e indivíduos com perda ou fragilidade de vínculos de afetividade, pertencimento e sociabilidade; ciclos de vida; identidades estigmatizadas em termos étnico, cultural e sexual; desvantagem pessoal resultante de deficiências; exclusão pela pobreza e ou, no acesso às demais políticas públicas; uso de substâncias psicoativas; diferentes formas de violência advinda do núcleo familiar, grupos e indivíduos; inserção precária ou não no mercado de trabalho formal e informal; estratégias e alternativas diferenciadas de sobrevivência que podem representar risco pessoal e social (MDS/PNAS, 2005, p. 33).

Essa definição aponta com clareza uma extensão da definição de usuários contida na Loas, traduzindo assim de forma mais precisa e possibilitando aos executores, aos usuários a compreensão do debate sobre *de quem dela precisar*.

Assim, o texto definidor da Pnas, como já citado, estabelece claramente objetivos vinculados à promoção da inclusão dos destinatários da política de assistência social, assegurando o acesso aos bens e serviços sociais básicos, com qualidade; integração ao mercado de trabalho, habilitação e reabilitação das pessoas com deficiência. E essa inclusão deve se dar através da constituição do Suas.

Na esteira da implementação do Suas, o debate instalado na V Conferência Nacional foi fundamental. Realizou-se um trabalho na perspectiva de identificar como se encontravam estruturados os municípios brasileiros no campo da Assistência Social. Uma equipe da PUC/SP, coordenada pela Profa.-Dra. Aldaíza Sposati, realizou um estudo denominado "Fotografia da Assistência Social no Brasil na perspectiva do Suas". Esse estudo mapeou a realidade brasileira, identificando tanto as demandas como as potencialidades de respondê-las para que o sistema fosse pensado em bases reais e objetivas. Essa radiografia foi, inclusive, reveladora de alguns dados persistentes no campo da política pública que ainda não foram ultrapassados[3]. De qualquer forma, é preciso reconhecer que a constituição do Suas, como forma de organizar e materializar o acesso a política de assistência social, constitui-se em grande avanço institucional e político.

Sistema Único de Assistência Social: a materialização da garantia da política pública de assistência social

A NOB/Suas apresenta o regramento para a constituição do Sistema Único de Assistência Social, sendo:

> [...] uma racionalidade política que inscreve o campo da gestão da assistência social, uma das formas de proteção social não contributiva, como responsabilidade de Estado, [...] é uma forma pactu-

---

3. Em artigo publicado na Revista *Serviço Social & Sociedade*, n. 87, 2006, a Profa.-Dra. Aldaíza Sposati aponta para esses dados. Recomenda-se a leitura.

ada que refere o processo de gestão da assistência social, antes de iniciativa isolada de cada ente federativo, a uma compreensão política unificada dos três entes federativos quanto ao seu conteúdo (serviços e benefícios) que competem a um órgão público afiançar ao cidadão (SPOSATI, 2006, p. 111-112).

Portanto, essa forma racional deve ser compreendida como aprimoramento da legislação e dos direitos já garantidos pela Loas. O sistema deve ser estruturado a partir das necessidades básicas da população e responder de forma concreta a essas demandas, sendo o Brasil compreendido na sua forma republicana. Assim, Governo Federal, Estados e Municípios constituem-se *locus* interconectados, corresponsáveis pela implementação do Suas, sendo a base do sistema os municípios que, na formulação do sistema, são divididos em municípios de pequeno, médio e grande porte e metrópoles[4]. Entendendo que as estruturas devem estar parametradas pela realidade que impõe pensar a política a partir das demandas que são colocadas e das potencialidades e necessidades de cada esfera na construção do sistema.

A regulação do Suas estabelece como base de sua organização:

I) A matricialidade sociofamiliar, recuperando a ideia de grupo familiar e não de indivíduo isolado.

II) Descentralização político-administrativa, com comando único em cada esfera de governo, imposta desde a Loas, mas que nesse novo movimento é pactuada pelos entes federados que entendem sua responsabilidade frente à política de assistência social.

III) Recompõe o debate sobre o financiamento da política; há clareza na necessidade de pactuação e de destinação orçamentária para o Fundo pelas três instâncias de governo.

IV) Informação, monitoramento e avaliação, estabelecendo novos patamares de regularidade, de necessidades de estudos e diagnósticos e de transparência nos dados que devem oferecer subsídios, em que se assentam as propostas para a área.

---

4. Os municípios são divididos em porte pelo tamanho de sua população. Assim, obedecem os seguinte critérios: Pequeno Porte I: até 20.000 habitantes; Pequeno Porte II: de 20.000 a 50.000 habitantes; Médios de 50.001 a 100.000 habitantes; Grandes de 100.001 a 900.000 habitantes e Metrópoles mais de 900.000 habitantes (MDS/PNAS, 2005, p. 18).

V) Política de Recursos Humanos, rompendo com a forma tradicional de atendimento da área. É política pública que requisita serviços de qualidade e profissionais capacitados para oferecê-la e, portanto, é necessário e urgente estabelecer parâmetros técnicos substantivos.

A territorialização que aparece como elemento articulador do sistema visa assim construir uma oferta capilar de serviços baseados na lógica da proximidade do cidadão e localizar os serviços nos territórios com maior incidência de vulnerabilidades e riscos sociais para a população. O território é compreendido como produto das expressões da questão social que demandam por assistência social, indicando a densidade política nas áreas mais vulneráveis das cidades e metrópoles, uma vez que o trabalho articulado da assistência social deverá dar visibilidade às demandas na constante interlocução com toda a cidade, recompondo a disputa pela riqueza socialmente produzida. No território, ganha importância o trabalho articulado em torno das famílias que demandam o trabalho da assistência social. O grupo familiar constitui-se em sujeito social fundamental tanto na identificação dos elementos que o definem como usuários da política como elementos articuladores entre as diversas famílias trabalhadoras que devem ser potencializados na perspectiva de romper com a subalternidade a que estão submetidas.

A centralidade do Estado na prestação dos serviços é retomada e pactuada pelos entes federados; para dar conta disso nos territórios, criam-se, então, pelo Suas, serviços públicos estatais fundamentais: os Cras – Centros de Referência da Assistência Social – vinculados à proteção social básica e o Creas – Centros Especializados de Assistência Social, destinados à proteção social especial.

Esses serviços estarão articulados às proteções que devem ser ofertadas pela política. Assim o Suas indica que a Assistência Social divide-se em Proteção Social Básica e Proteção Social Especial.

Na Proteção Social Básica, os serviços devem ser referenciados nos Cras – Centro de Referência da Assistência Social, e seu trabalho aponta para a atuação na perspectiva do fortalecimento dos vínculos familiares e na convivência comunitária. Deverão ser referência para escuta, informações, apoio psicossocial, encaminhamentos monitorados e de inserção nas ações da rede de assistência social e demais políticas públicas e sociais. O BPC – Benefício de Prestação Continuada[5] e os benefícios eventuais, garantidos pela Loas, deverão estar articulados à referência da proteção social básica, incidindo no atendimento dos direitos socioassistenciais para além da garantia de renda.

A Proteção Social Especial é uma modalidade de atenção assistencial destinada a indivíduos que se encontram em situação de alta vulnerabilidade pessoal e social, bem como crianças e adolescentes, jovens, idosos, pessoas com deficiência nas várias situações caracterizadas de risco pessoal. O trabalho deve abranger o provimento de acesso a serviços de apoio à sobrevivência, inclusão em redes sociais de atendimento e de estratégias que visem à reestruturação do grupo familiar e elaboração de novas referências morais e afetivas. A proteção social especial deve ofertar serviços de abrigamento de longa ou curta duração; serviços de acolhimento e atenção psicossocial especializados, destinados a criar vínculos de pertencimento e possibilidades de reinserção social.

No campo do financiamento enfrenta, no mínimo, duas características predominantes no assistencialismo. A primeira, no que se refere à responsabilidade partilhada pelos entes federados de alocarem recursos nos orçamentos referentes à efetivação da política. Nesse campo é tradicional a centralização na esfera federal dessa alocação, o que também trouxe como consequência um desenho de programas também definidos de forma centralizada, desconectados com a realidade dos municípios. Assim, ao buscar romper com essas características, vai impor uma nova forma de planejar e financiar a execução da política.

Já a segunda característica essencial é o rompimento com a forma convenial, tradicional na relação entre Estados e entidades assistenciais. Ao criar um piso para balizar o atendimento da assistência social e estabelecer critérios entre as proteções sociais a serem afiançadas, estabelece uma nova forma de lidar com recursos públicos.

No campo da definição de estratégias, na formulação de serviços, na identificação dos usuários, o Suas vai impor com clareza a

---

[5]. O BPC é garantia de acesso a 1 salário mínimo das pessoas idosas (acima de 65 anos) e de pessoas com deficiência que não têm condições de se manter ou ser mantidas pela família, com critério de acesso de renda *per capita* inferior a 1/4 do salário mínimo, ou se encontrem incapacitadas para o mercado de trabalho. Esse benefício, ao constituir-se, deu materialidade ao artigo 203 da Constituição Federal de 1988.

necessidade de estudos, pesquisas, referenciais teóricos que retiram a improvisação e o bom-senso como forma de estruturar o atendimento. Essa característica que também é incorporada no viés da necessária avaliação e monitoramento do sistema é inovadora e estabelece novos patamares de sistematização da política. O SUASweb[6] estabelece a transparência dos dados, disponibilizando nacionalmente a possibilidade de controle por parte dos municípios, Estados, gestores, executores da política e usuários.

Por fim, o Suas estabelece como fundamental a regulação de um sistema de recursos humanos – NOB/RH[7] – qualificados que deverão estar à disposição dos usuários. Essa lógica da constituição de um grupo técnico, administrativo, competente, qualificado, preparado, conhecedor da política e regulado por uma política de recursos humanos, asseguradora de direitos aos trabalhadores, recompõe, no campo da assistência social, a necessária profissionalização para tratar do tema. O trabalho profissional entre as diferentes áreas do conhecimento das profissões da área humanística constitui-se em requisito essencial para a garantia dos direitos.

O controle social exercido pelos Conselhos e pelas Conferências é reafirmado e recoloca-se como desafio à participação dos usuários para a sua efetiva implantação, talvez esse o maior desafio nesse campo tão atravessado por falta de protagonismo de seus usuários e pelo uso clientelista dos recursos alocados. Nesse campo, a constituição dos Cras e Creas poderá incidir na politização do campo assistencial, multiplicando a constituição de grupos de famílias trabalhadoras que, ao compreender o acesso à política como direito, passem a incidir diretamente na sua formulação e no controle do sistema, criando possibilidades de pressão política, essencial para enfrentar o quadro perverso da desigualdade social no país.

Reafirma-se que a constituição do Suas representa um grande avanço no campo da política social brasileira, especialmente no que se refere à assistência social. Dar consistência, transparência

---

6. O SUASweb é o ambiente de funcionalidades específico de gestão que compreende o Plano de Ação e o Demonstrativo Sintético de Execução Físico-financeira, além de informações sobre contas correntes, saldos, repasses e cadastros e a importante disponibilização da base cadastral de todos os beneficiários do Benefício de Prestação Continuada – BPC, localizada por município (TAPAJÓS, 2006, p. 196).

7. A NOB/RH foi aprovada pelo CNAS em 13/12/2006 pela Resolução 269.

e funcionalidade à política, permite estabelecer um novo patamar na relação Estado x sociedade, pautado no direito social e na perspectiva da universalização de acesso à política social, que assim responderá a demandas de cidadãos.

Desafios na perspectiva da materialização do Suas: o novo e o velho na formatação da política pública de assistência social

Materializar a política de assistência social na vida da população brasileira que nela tem o direito de ver atendidas suas demandas, compõe um grande desafio já anunciado na Constituição de 1988 e na Loas em 1993. Uma sociedade marcada por profunda desigualdade e também por uma naturalização de um mundo dual e pouco receptivo ao debate do acesso à riqueza socialmente produzida, tem tentado reproduzir essa forma de se conceber em tudo aquilo que diz respeito ao acesso dos mais pobres ao que é produzido coletivamente. A assistência social, enquanto política pública, vem tentando colocar na arena política esse debate. Embora várias tentativas tenham sido feitas no sentido de desmobilizar, enquadrar burocraticamente o movimento pela consolidação da política, embora em muitas experiências ainda haja espaços para formas despolitizadas, caritativas, há, na contramão, um forte movimento para o reconhecimento dessa política como política pública e asseguradora de direito social. E nessa perspectiva que se reconhece o Suas, no esforço coletivo da sociedade e do governo para consolidar de forma clara e transparente a explicitação desse sistema.

Os grandes desafios estão colocados primeiramente na perspectiva de pensar uma política nacional articulada para uma área que sempre foi dada a experiências particulares associadas à caridade e benesses. Dentro do sistema, toma importância a questão da territorialidade, não como espaço apenas geográfico de concentração da pobreza, mas como espaço onde existe vida, contradições, resistências, passividade e que precisa ser resgatada para que a Assistência Social identifique não só as carências da população, como também as formas de resistência engendradas por ela.

Pensar o sistema pressupõe ter clara a dimensão política da política, pressupõe discutir qualidade nos atendimentos que devem ser exigências universais, embora respeitando as características regionais e locais.

O Sistema Único de Assistência Social parte do pressuposto que o acesso à política se dará na condição de sujeito de direito, direitos esses que se constroem e se garantem na coletividade, tendo como centralidade a família, tentando romper com a lógica individualista de prestação de serviços assistenciais. Esse pressuposto vai encontrar um solo histórico pouco fértil, uma vez que historicamente o acesso à assistência social fez-se através de um sistema meritocrático, calcado na ótica da benemerência e da relação de subalternidade. Além disso, a centralidade na família, embora possa contribuir para desfocar do indivíduo, pode servir apenas para o deslocamento da culpabilização do sujeito para sua família, uma vez que no trato da política de assistência social é comum ser o trabalho parametrado pelo enfrentamento das dificuldades individuais e/ou familiares do sujeito que, dessa forma, perde a perspectiva de classe social. Dentro desse terreno, o da prestação de serviços, ganha importância o trabalho técnico e profissional dos agentes prestadores de serviços. A lógica de garantir direitos no acesso é absolutamente nova no campo da assistência social; os trabalhadores, em geral, nessa área, trabalhavam com enfoque nas dificuldades individuais e com uma leitura de falta de condições de protagonismo dessa população. Além disso, a compreensão da situação em que se encontra parcela da população que é demandatária da assistência social responde à leitura linear e despolitizada da realidade, reforçadora do diagnóstico de *disfunção social* tão comum nessa área.

A organização dos serviços dentro do Suas aponta para a necessidade de garantir a qualidade de acesso na condição de direito e enfrentar o grande desafio de romper com uma cultura instalada e enraizada na sociedade brasileira. Especialmente no que se refere ao tratamento da pobreza, tem comparecido um viés conservador que não permite a instalação de uma cultura de direitos sociais (COUTO, 2004). O trabalho interdisciplinar necessário à execução do Suas vai impor um diálogo permanente entre as profissões que se ocupam do social; trata-se de estabelecer padrões de qualidade de atendimento, compreendendo a realidade e suas múltiplas conexões, interconectando-se com o campo dos saberes que permitem efetivamente trabalhar com as demandas que as mais diversas expressões da questão social têm imposto à população usuária da política.

Engendrar uma organização da política dividindo-a em proteção social básica e especial é fundamental no caminho de construir novas bases para o trabalho assistencial. Cria-se com o Suas uma rede de serviços articulada às necessidades sociais, afiançadora dos direitos socioassistenciais, rompendo com o atendimento por segmentos, forma tradicional de organizar a assistência social. Na contramão dessa organização, encontram-se a maioria dos serviços organizados, privados e/ou públicos, que se constituíram para dar conta das demandas dos segmentos e guardam uma racionalidade segmentada nas propostas de atendimento da população.

Todas essas inovações não foram implementadas sem resistências; o solo histórico não era fértil às mudanças buscadas pela assistência social e, em muitos municípios, entendeu-se que a alteração era apenas burocrática e era possível executá-las na busca do recurso federal apenas como um arranjo institucional sem mudança substantiva. Em contrapartida, em outros, a disputa pelo projeto da assistência social como política pública fertilizou-se e colocou na arena política o estabelecimento de um sistema público que regrasse a materialização da política no Brasil. Seguindo o mesmo caminho trilhado no campo da saúde, buscou-se arquitetar para a área um sistema de política pública, visível, que estabelecesse com clareza o pacto federativo e, mais que isso, que assegurasse a assistência social como política de seguridade social e parte fundamental da proteção social brasileira.

Com a Pnas/2004 e o Suas, regrando as relações políticas e institucionais na perspectiva de consolidar uma nova forma de relação entre Estado e sociedade civil na garantia de sedimentar um novo terreno político, público que compreenda a proteção social brasileira como afiançadora de direitos garantidos pela Seguridade Social, prevista na Constituição de 1988, estabelece-se um novo patamar na implementação da política de Assistência Social no Brasil. Portanto, o desafio de aprofundar e consolidar o sistema é tarefa intransferível e necessária, que requer de todos uma compreensão das possibilidades e limites do campo assistencial no enfrentamento da pobreza e no necessário balizamento das condições gestadas pela sociedade capitalista contemporânea.

Referências

BRASIL/ MDS (2005). **Política Nacional de Assistência Social e NOB/Suas**. Brasília, jul.

COUTO, B.R. (2006). A Assistência Social como política pública: do sistema descentralizado a participativo ao Sistema Único da Assistência Social – Suas. In: MENDES, J.M.; PRATES, J.; AGUINSKY, B. (orgs.). **Capacitação sobre Pnas e Suas**: no caminho da implantação. Porto Alegre: Edipucrs.

_____ (2004). **O direito social e a assistência social na sociedade brasileira**: uma equação possível? São Paulo: Cortez.

IAMAMOTO, M.V. (1992). **Renovação e conservadorismo no serviço social**: ensaios críticos. São Paulo: Cortez.

PEREIRA, P.A. (2001). Sobre a política de assistência social. In: BRAVO, M.I. & PEREIRA, P.A. (org.). **Política social e democracia**. São Paulo/Rio de Janeiro: Cortez/Uerj.

_____ (1996). **A assistência social na perspectiva dos direitos** – Crítica aos padrões dominantes de proteção aos pobres no Brasil. Brasília: Thesaurus.

SANTOS, W.G. (1988). **Cidadania e justiça** – A política social na ordem brasileira. Rio de Janeiro: Campus.

SPOSATI, A. (2006). O primeiro ano do Sistema Único de Assistência Social. **Serviço Social & Sociedade**, ano 26, n. 87, set., p. 96-122. São Paulo: Cortez.

TAPAJÓS, L. (2006). Gestão da informação no Suas. **Serviço Social & Sociedade**, ano 26, n. 87, set., p. 178-200. São Paulo: Cortez.

YAZBEK, M.C. (1997). Globalização, precarização das relações de trabalho e seguridade social. **Cadernos Abong**, n. 19, out.

_____ (1993). **Classes subalternas e assistência social**. São Paulo: Cortez.

3
POLÍTICAS PÚBLICAS E MODOS DE VIVER
A produção de sentidos sobre a vulnerabilidade

Sandra Djambolakdjian Torossian
Nelson Estamado Rivero

A problematização dos sentidos produzidos em relação à vulnerabilidade e o risco, tomando como campos de análise algumas ações de assistência, programas sociais e o desemprego é um dos principais eixos de escrita deste capítulo. A leitura aqui realizada sublinha a produção de sentidos no movimento da vida e das relações entre os sujeitos. Considera-se que a vulnerabilidade social não se define pelo índice de pobreza, mas se faz necessário olhar para a inclusão ou não da população em relação aos serviços e políticas públicas. Assim, a noção de vulnerabilidade apresenta-se carregada, múltipla de significados e produzindo variados sentidos, os quais podem contribuir tanto para uma homogeneização e manutenção da população num lugar de risco quanto para construir estratégias de empoderamento dos sujeitos na construção de potência de vida. Para essa última alternativa ser possível, é necessário problematizar a construção dos diferentes olhares em relação às situações de vulnerabilidade, desconstruindo sentidos cristalizados que apontam para as condições de carência como condições de impossibilidade de vida.

Nosso percurso inicia por apresentar uma base sobre a qual sustentamos a potência da produção de conceitos e significados, continua discutindo sua relação com as políticas públicas – território político em que se afirma –, passa por uma revisão analítica de conceitos sobre o tema e finaliza focalizando a problematização do conceito de vulnerabilidade a partir de pesquisa realizada em programas de assistência e de práticas de ação social junto ao desemprego. Nesse sentido, abordar-se-á a questão do desemprego como uma realidade produtora de condições de vulnerabilidade, não somente pela sua situação de exclusão econômica, mas pela despotencialização subjetiva com a consequente criação de sujeitos culpabilizados pela sua própria sorte. Além disso, ressalta-se uma incapacidade de promover estratégias de enfrentamento da situação de desemprego que não seja a de retomar o lugar de empregado.

Construção de sentidos

Diversas abordagens e conhecimentos produzidos acerca da construção dos sentidos/significados das realidades sociais apontam que, longe de serem somente consequências diretas da investigação, frutos do desenvolvimento científico, os conceitos e classificações sobre a vida humana são estratégias de afirmação política da emergência de determinados saberes como campos disciplinares e profissionais em determinados tempos históricos. Nessa direção, trataremos o conceito de vulnerabilidade e risco como um constructo, não somente da racionalidade científica, mas engendrado por linhas de força e no exercício de relações de poder. Mais do que descobrir uma realidade humana, esses conceitos produzem sujeitos. Esta concepção está apoiada diretamente nos estudos de Michel Foucault que durante sua trajetória de pensamento, investigação e produção expõe o quanto a produção de conhecimento não pode relacionar-se a um único registro de verdade, e que a história tem muitos mais devires do que sabemos registrar. O desafio colocado por esta proposta é aceito por nós neste texto na medida em que não temos a pretensão de substituir uma verdade menor por outra maior, mas discutir e dar visibilidade à condição política do conceito de vulnerabilidade e risco.

O intuito de analisar em que condições e sob quais estratégias o conceito de vulnerabilidade e risco está se afirmando nos parece fundamental para trabalhar no campo das políticas públicas, especialmente no domínio da assistência, da educação e da saúde.

Os sentidos da vulnerabilidade

A vulnerabilidade social é muitas vezes associada diretamente a condições de pobreza e miserabilidade e, assim, demonstrada através de índices socioeconômicos. A pobreza é, sem dúvida, um dos grandes pilares nos quais se assentam diversas situações de vulnerabilidade social da sociedade capitalista, uma vez que produz a exclusão da população em relação a políticas e serviços públicos. Além disso, afeta diretamente a garantia de direitos e cidadania.

A complexidade do constructo de vulnerabilidade social é destacada por Castro e Abramovay (2002) ao apontar que frequentemente as análises de vulnerabilidade realizadas desconsideram os fatores contextuais e o estudo de processos e relações sociais. Essas autoras apontam para a necessidade de não desprezar o aspecto socioeconômico, mas compreendê-lo associado aos processos de exclusão em relação ao acesso a serviços e políticas de cidadania. Assim, a vulnerabilidade social pode ser compreendida ao serem analisadas as relações entre a disponibilidade de recursos materiais ou simbólicos e o acesso dos atores às oportunidades sociais econômicas e culturais que provêm do Estado, do mercado e da sociedade (ABRAMOVAY et al., 2002).

De modo semelhante, Traverso-Yepez e Pinheiro (2002) apontam que o termo vulnerabilidade vem sendo usado nas reflexões sobre a pobreza na América Latina, questionando os efeitos das políticas públicas. Estas autoras defendem a concepção de um olhar dinâmico e mutante sobre o conceito, considerando-o não apenas a partir das condições materiais, mas antes analisando as características, recursos, habilidades e estratégias, individuais e grupais da população, para lidar com o sistema de oportunidades oferecido pela sociedade.

A partir dessas reflexões, a vulnerabilidade pode ser compreendida sempre num movimento de vai e vem entre ideias geralmente consideradas como opostas: fatores contextuais e processos sociais, condições materiais e recursos individuais/grupais, dados objetivos e subjetividade. Assim, não haveria a necessidade de realizar uma opção entre um olhar que destaque os dados socioeconômicos e demográficos de um olhar que destaque os processos sociais. A composição poderia acontecer quando os dados "objetivos" são inseridos e lidos considerando os cenários dos processos de exclusão e potencialidades da população.

Nesse sentido, Adorno (2001, p. 11) relaciona a vulnerabilidade com a exclusão econômica e social. Esse autor considera que um indivíduo ou um grupo torna-se vulnerável "quando ocorre uma situação que o leva a quebrar seus vínculos sociais com o trabalho, a família ou seu círculo de relações". Ao mesmo tempo sublinha a transformação existente na passagem do termo "carência" para o de "vulnerabilidade". De uma visão que enfatiza o paternalismo (carência) nas relações sociais passa-se a olhar o sujeito como portador de direitos. O direcionamento do olhar para os "direitos" em detrimento das "carências" apresenta a possibilidade de analisar as potencialidades dos sujeitos, grupos e comunidades e não somente de analisar a vulnerabilidade a partir de indicadores que apresentem a "falta de". No entanto, precisa-se avaliar o acesso da população à rede de serviços disponíveis, bem como a organização da própria rede: escolas e unidades de saúde, os programas de cultura, lazer e de formação profissional. Trata-se de considerar as ações do Estado e se estas promovem justiça e cidadania.

O conceito de exclusão social é analisado por Carneiro e Costa (2003) a partir de uma abordagem dinâmica. Mais do que centrar-se em situações específicas, deve-se olhar para a exclusão ao acesso das políticas e serviços públicos, a partir de uma análise de processos sociais e transições. Desta forma, além da análise de casos e indicadores (estáticos), torna-se necessário analisar os processos de exclusão/inclusão em relação aos serviços e políticas sociais. Compreende-se a inclusão-exclusão em relação a esses serviços e políticas como um processo dinâmico que envolve diferentes cenários e atores sociais.

O conceito de vulnerabilidade rastreado até aqui destaca um olhar que prioriza a análise do acesso da população a serviços e políticas públicas e de cidadania, olhando não somente para a escassez de recursos, mas, principalmente, para a potencialidade da população em lidar com os recursos existentes.

No Brasil, o processo de inclusão em políticas e serviços públicos ganha um novo cenário a partir da recente implantação da Política Nacional de Assistência Social (Pnas). Apesar de a exclusão social ter um histórico de 500 anos, as políticas de Assistência Social foram geralmente associadas ao assistencialismo. Um exemplo disso eram (ou são ainda) as ações oriundas do "gabinete da primeira dama". O movimento de inclusão da Assistência Social como uma política de Estado é recente. Apesar de já termos leis e diretrizes organizando essa política, propomos olhar, também, para os movimentos de vida ali produzidos.

O reordenamento da Política de Assistência Social: classificação de programas e serviços

O Suas propõe um reordenamento da Política de Assistência Social com o objetivo de promover maior efetividade a suas ações, aumentando sua cobertura. Interessa-nos destacar aqui a classificação de Programas e Serviços proposta pelo Suas, com a finalidade de apresentar a organização do atendimento, propostas na lei, para as diferentes necessidades e situações da população. Em um segundo momento deste texto, refletimos sobre os movimentos da população que frequenta estes serviços.

Os Programas e Serviços da Assistência Social Nacional, conforme documento do MDS, dividem-se em dois níveis: Proteção Social Básica e Proteção Social Especial. Os serviços da Proteção Social Básica incluem ações de caráter preventivo cujo objetivo seja o fortalecimento dos laços familiares e comunitários. Situam-se aqui os Centros de Referência da Assistência Social (Cras), o Programa de Atenção Integral à Família (Paif), o Agente Jovem e ações para crianças de 0 a 6 anos.

Os Programas e Serviços de Proteção Social Especial apresentam-se através de dois níveis de complexidade. A Proteção Social Especial de Média Complexidade inclui situações nas quais os direitos dos indivíduos ou das famílias foram violados, mas ainda existe a manutenção dos vínculos sociais e comunitários. O Programa Sentinela, o Programa de Erradicação do Trabalho Infantil (Peti), os Centros de Referência Especializada da Assistência Social (Creas) são alguns exemplos de programas e serviços deste nível de complexidade.

A Proteção Social Especial de Alta Complexidade destina-se a situações nas quais os direitos dos indivíduos ou das famílias foram violados e quando os vínculos familiares foram rompidos. Assim, garante-se a proteção integral para quem se encontra em situação de ameaça, precisando deixar a sua família ou comunidade em abrigos e albergues, por exemplo.

O Pnas propõe o acompanhamento e avaliação das ações desenvolvidas nos programas e projetos, ressaltando nesse aspecto a necessidade de se recorrer à intersetorialidade. Assim, os serviços da assistência social devem atuar em rede com serviços de outras áreas, como saúde, justiça, habitação, entre outras.

Este panorama de organização da assistência social no país é recente e está em processo de implantação. Inicialmente, está direcionado para a organização da infraestrutura necessária para o funcionamento dos programas e serviços que incluem diversos projetos e benefícios. No entanto, a existência dos serviços, apesar de ser fundamental para o amparo social, não o garante. "A saída dos campos de concentração não é a liberdade", afirma Cyrulnik (2004, p. 3) e continua: "a suspensão dos maus tratos não é o fim do problema. A lesão está inscrita em sua história [das crianças], gravada em sua memória". O autor ressalta, ainda, a importância de um meio acolhedor para a possibilidade de resignificar um trauma, não necessariamente pela supressão da lembrança, mas pelo encontro de novas possibilidades de relacionamento.

Assim, além do reordenamento legal da Política de Assistência Social, é necessário olhar para a produção dos modos de viver emergentes dessa nova organização. Por isso, precisamos direcionar-nos, também, ao estudo dos processos de subjetivação e vulnerabilização das pessoas que se encontram em situação de risco, numa composição que trabalhe *entre*[1] a obtenção de dados mais objetivos, como os índices socioeconômicos, por exemplo, e o processo qualitativo dessa construção.

Modos de viver e modos de vulnerabilizar

De acordo com Cyrulnik (2004), o fato de as pessoas se restabelecerem de um traumatismo não está diretamente associado à invulnerabilidade ou ao êxito social. Para o autor, a produção de um traumatismo dá-se a partir de dois golpes: o primeiro apresenta o traumatismo real, trazendo a dor do ferimento; o segundo é o momento da representação dessa dor, fazendo surgir o sofrimento relacionado ao ferimento. Um trabalho de cicatrização é requerido nesse processo. Necessita-se da reelaboração da memória corporal e do dano. Esse gesto de reelaboração não pode ser solitário, existe a necessidade de um olhar do outro sobre a transformação. É aí que os atores dos serviços que oferecem amparo social tornam-se fundamentais. Eles podem transformar-se em "tutores de resiliência" (p. 7), agentes colaboradores do processo de ressignificação do trauma, quando permitem o trabalho de reconfiguração da memória do traumatismo.

A partir das propostas do mencionado autor, podemos concluir que a proteção social associa-se diretamente à "possibilidade de encontrar lugares de afeto em atividades e programas que a so-

---

[1]. A noção do *entre* é apontada por diversos autores quando apresentam a desconstrução como possibilidade de trabalho, dentre estes destacamos Deleuze e Derrida.

ciedade proporciona, oferecendo tutores de resiliência que permitirão retomar um desenvolvimento" (CYRULNIK, 2004, p. 7).

Dessa forma, o encontro com um olhar que auxilie o sujeito a realizar um trabalho de atribuição de outros sentidos à ferida é indispensável para "estender a mão a um agonizante psíquico e ajudá-lo a recuperar um lugar no mundo dos humanos" (CYRULNIK, 2006, p. 11). Isso fica impossibilitado, segundo o autor, quando os discursos culturais se empenham em considerar as vítimas como cúmplices do agressor, ou presas do destino e também, podemos acrescentar, quando olham com pena e descrédito em relação a qualquer transformação possível.

As possibilidades singulares de subjetivação e invenção não estão indissociadas dos discursos culturais e as diferentes políticas discursivas. Assim, na nossa sociedade atual, impregnada de valores consumistas e individualistas, o consumo e a solidão poderão se apresentar como propostas de subjetivação.

O individualismo insere-se numa política de desamparo (BIRMAN, 2003). No lugar do encontro com o outro, poderá predominar o desencontro, instaurando-se, assim, a solidão. Por isso, ao pensar nos modos de viver a atual Política da Assistência Social, não podemos isentar-nos de questionar sobre a possibilidade da construção de outros sentidos e narrativas para o traumatismo. De acordo com Cyrulnik (2006), a possibilidade de narração das histórias pode iluminar a "neblina" provocada pelo trauma da violência. No entanto, o mesmo autor menciona que nem toda história traumática é socializável, sendo necessário para isso o encontro com o outro, o qual, muitas vezes, tem dificuldade de entender.

Os movimentos de vida e a vulnerabilização: uma experiência de pesquisa

O processo de vulnerabilização a partir do encontro de crianças e adolescentes com alguns serviços e programas sociais nos traz a possibilidade de refletir sobre os movimentos de vida e os modos de viver as políticas.

Na pesquisa "Investigando as condições de vulnerabilidade de crianças e adolescentes de São Leopoldo" (TOROSSIAN, 2005) trabalhamos com uma população participante de programas sociais. Os dados socioeconômicos levantados apontaram que, em comparação com os índices do IBGE (2005), essa população encontrava-se abaixo da faixa média nacional em relação à situação salarial, mas as condições de moradia e de acesso à saúde encontram-se na média nacional e regional. Além disso, como já mencionado, essa população encontra-se inserida em serviços e políticas de saúde, assistência social e educação.

Um olhar mais atento para a vida dessas crianças e adolescentes nos indica cenas familiares e comunitárias que merecem cuidados. Histórias familiares de conflitos entre pai e filho, com consequente morte de ambos; "devolução dos filhos" à mãe, ou aos pais biológicos após um período de adoção; crianças que não encontram figuras de maternagem e paternagem; cenas de suicídio e alcoolismo; desemprego e emprego informal dos familiares são frequentemente encontrados. Isso nos levou a questionar se apesar de haver uma inclusão da população em serviços de saúde, educação e assistência social, as crianças e adolescentes estão tendo acesso aos cuidados, e se o olhar encontrado nesses serviços não ilumina as possibilidades de maior vulnerabilização.

Ao investigarmos esse olhar, deparamo-nos com a quase inexistência de descritores relativos às potencialidades psicológicas e educacionais das crianças e adolescentes. Além disso, existia uma ênfase nas dificuldades escolares em detrimento das possibilidades e conquistas.

Encontramos aí um olhar que enfatiza a *carência* quando se trata de avaliar a vulnerabilidade. Quais os efeitos deste olhar? Não seria a naturalização da ideia de falta de recursos = vulnerabilidade?

A partir das contribuições de Michel Foucault, sabemos que esses olhares e discursos se produzem no movimento da vida e das relações entre os sujeitos, produzindo-se aí jogos de poder. Os sentidos produzidos sobre a vulnerabilidade têm a possibilidade de contribuir tanto para uma homogeneização e manutenção da população num lugar de risco quanto para construir estratégias de empoderamento dos sujeitos na construção de potência de vida.

Na linha dessa última alternativa apontada, faz-se necessário problematizar a construção dos diferentes olhares em relação às situações de vulnerabilidade, desconstruindo sentidos cristalizados que apontam para as condições de carência como condições de impossibilidade de vida. Há aí um campo aberto para o trabalho do psicólogo.

O emprego/desemprego na produção de sentidos sobre a vulnerabilidade

Uma cena cotidiana emergente da pesquisa acima mencionada aponta para o "desemprego" ou os "bicos" (emprego informal) da maioria dos familiares das crianças e adolescentes com os quais trabalhamos. Ao aproximar, então, o conceito de vulnerabilidade à realidade do trabalho e, neste caso, do não trabalho, começamos por destacar no desenvolvimento do projeto econômico do capitalismo, hoje mundializado, a produção de um lugar e uma significação para o emprego formal que captura o sentido do trabalho socialmente aceito e relevante.

O surgimento da sociedade salarial no século XX é definido por Henri Castel (1998) a partir de uma transformação na relação da condição operária com a sociedade na qual o salário passa a assegurar direitos, dar acesso a subvenções e permitir a ampliação da vida social. Esse autor aponta, então, que o trabalho, sob a forma de emprego e estabilidade, tornou-se o meio de pertencimento ou filiação à sociedade salarial.

Começamos, assim, o século XXI com uma realidade de crise nessa sociedade do salário e do emprego. Os índices de desemprego alcançam patamares alarmantes mesmo em países considerados industrializados e de economia estável. Por isso, no fim do século passado, Viviane Forrester (1997) reclamava a necessidade de nos organizarmos a partir da ausência do trabalho denunciada pela crise do emprego. Destacando a emergência das características atuais do desempregado afirmava:

> Um desempregado, hoje, não é mais objeto de uma marginalização provisória, ocasional, que atinge apenas alguns setores; agora ele está às voltas com uma implosão geral, com um fenômeno comparável a tempestades, ciclones e tornados, que não visam ninguém em particular, mas aos quais ninguém pode resistir (FORRESTER, 1997, p. 11).

Constituir organizadores e políticas públicas em relação ao trabalho que possam diferenciar-se da lógica presente na sociedade do salário e do emprego ainda é um grande desafio. De acordo com Bauman (2005):

> O prefixo "des" indica anomalia. "Desemprego" é o nome de uma condição claramente temporária e *anormal* e, assim, a natureza transitória e curável da doença é patente. A noção de desemprego herdou sua carga semântica de uma sociedade que costumava classificar seus integrantes, antes de tudo, como produtores, e

que também acreditava no pleno emprego não apenas como uma condição desejável e atingível, mas também como seu derradeiro destino (p. 19).

Quando a ciência e/ou a política tentam dar conta dos sofrimentos gerados por essa realidade, são apontadas ações, diagnósticos, tratamentos e programas em um pacote apaziguador das angústias produzidas pelo mal-estar em relação a um ideal de sociedade. Apresenta-se, então, uma erradicação da anomalia, com um grau de resolutividade do problema sem questionar se o problema colocado ainda é possível. Os problemas sociais são tratados como temporários, manejáveis e resultantes de uma desorganização. Talvez, mais do que encontrar respostas, nosso desafio seja o de formular novas perguntas.

Assim, podemos tomar o desemprego como expressão direta da crise da sociedade salarial, como fenômeno inerente à condição da modernidade tardia. O desemprego pode ser estabelecido, de acordo com esse olhar, como uma referência para a construção de um *sujeito do desemprego, um sujeito de risco.*

O desemprego tomado pela via da disfunção e a posição de resolutividade das políticas públicas são forças de sustentação de um lugar reativo de vida. Ou seja, a potência do risco ou do próprio esgotamento de um ideal é retirada da pauta das discussões das políticas sociais, ou mais, é negligenciada a ponto de tornar-se invisível e indesejada.

Não se trata, é óbvio, de invocar um movimento contrário ou mesmo uma desqualificação das políticas públicas de emprego ou das ações da ciência e da sociedade. Trata-se de apontar o quanto são significativos os seus efeitos e quanto muitas vezes terminam por afirmar o que tentam combater. O planejamento e execução dessas políticas precisam levar em conta o risco de estarem capturados em uma mesma lógica de vida, ainda que em um outro polo. Nesse sentido, falar de vulnerabilidade e risco, para além da sua desnaturalização em relação à situação econômica é admitir a possibilidade de ser produto também das ações que ao tentar resolvê-la, potencializam seu lugar.

Ao analisar esta crise contemporânea como uma modernidade líquida[2], Bauman (2005) a caracteriza como uma "civilização do

---

2. Este conceito pode ser melhor entendido em Bauman, 2001.

excesso, da superfluidade, do refugo e de sua remoção" (p. 120). O autor propõe que a construção da ordem moderna e a busca pelo progresso econômico têm como consequência indissociável a produção do "refugo humano".

A situação de desemprego é componente cotidiano das escutas por nós realizadas junto aos trabalhadores que buscam uma agência de emprego no RS. Seus desejos de reconhecimento, valorização e filiação social estão dirigidos ao emprego formal. O desemprego fica associado à não valorização e a um não lugar social que aparece sob a forma de invisibildade e vergonha. A possibilidade de sobrevivência através de outros meios como trabalhos temporários, o mercado informal, os "bicos" é significada como uma ordem "menor" por esses trabalhadores. Essa situação tem sido um desafio também clínico para a Psicologia. A situação do desemprego é muitas vezes tomada na via de uma resolução "logo adiante" no momento em que se consegue o emprego. Neste sentido, deslocar a pergunta, desnaturalizar o desejo, questionar a vulnerabilidade torna-se imperioso.

Cabe ressaltar a angústia emergente do trabalho junto à população desempregada na qual o contato com a situação perversa de manter aceso o desejo de emprego em uma realidade em que não há e não haverá a inclusão de todos anuncia a necessidade da desacomodação da ciência e o enfrentamento das descontinuidades. A escuta surda da agonia de ideais modernos na qual é vívida a falta de recursos metodológicos e técnicos da Psicologia que sejam pertinentes a essa realidade vem fortalecer o compromisso ético/político/científico de ressignificar o fazer da Psicologia em relação aos "sujeitos vulneráveis" e a necessidade de políticas públicas que enfrentem os seus efeitos não desejados.

Psicologia: políticas públicas e processos de vulnerabilização

O processo de ressignificação do fazer da Psicologia em relação ao tema da vulnerabilidade social passa pela necessidade de desconstruir conceitos estáveis e significações cristalizadas. A *desconstrução* é tomada aqui não como uma *destruição* desses conceitos e significações, mas como uma retomada circular que permita a emergência do novo, do acontecimento, conforme proposta de Foucault (2001). Assim, não estamos, aqui, propondo uma simples oposição crítica ao conceito de vulnerabilidade que emerge de índices socioeconômicos, nem ao conceito de desemprego no qual se sublinha o prefixo "des" como anomalia. Nossa proposta é a de disparar um processo de problematização e desnaturalização dessas ideias para que cada um, como efeito de leitura, possa ir criando e inventando formas de escutar.

A invenção é aqui tomada, em concordância com a proposta de Kastrup (2004), como um modo de colocar o problema do conhecimento, sem estar este marcado pela lei de princípios invariantes. Inventar, então, não significa o abandono de toda a história do conhecimento que nos antecedeu, nem simplesmente a negação desse conhecimento para substituí-lo pela novidade. Propomos a invenção como um processo de criação que coloca em análise o conhecimento a partir das situações que precisam ser escutadas. No caso deste texto, o conhecimento sobre a vulnerabilidade social foi colocado em análise.

Olhamos, nesse processo, para a inclusão ou não da população em relação aos serviços e políticas públicas, refletimos sobre a relação entre a disponibilidade e o acesso dos atores às oportunidades sociais decorrentes das políticas públicas e nos detivemos, sobretudo, nos efeitos dessas políticas nos movimentos de vida das pessoas consideradas em situação de vulnerabilidade.

Assim, deparamo-nos com diversas ações nos programas sociais e de emprego que, num esforço para trabalhar com as questões vulnerabilizantes, correm o *risco* de fortalecerem os processos de vulnerabilização. Por exemplo, ao enfatizar o emprego formal como única possibilidade de enfrentamento do desemprego ou a necessidade de sublinhar a *carência* quando se trata de avaliar a vulnerabilidade.

O *risco*, então, atravessa todos os atores deste processo. O risco aparece numa difusão que coloca a todos em situação de vulnerabilidade: os "profissionais" se angustiam e tornam-se, também, vulneráveis. Precisa-se, por isso, olhar para os movimentos de vida que permeiam leis e diretrizes num duplo processo de olhar para si e para o outro. Só assim as práticas de escuta poderão ser desnaturalizadas e ressignificadas a partir das demandas contemporâneas. É essa uma das vias de empoderamento e construção de potência de vida para todos os atores envolvidos nos processos de vulnerabilização.

Referências

ABRAMOVAY, M. et al. (2002). **Juventude, violência e vulnerabilidade social na América Latina**: desafios para as políticas públicas. Brasília: Unesco/BID.

ADORNO, R.C.F. (2001). **Os jovens e sua vulnerabilidade social**. São Paulo: Associação de Apoio ao Programa Capacitação Solidária.

BAUMAN, Z. (2005). **Vidas desperdiçadas**. Rio de Janeiro: Zahar.

_____ (2001). **Modernidade líquida**. Rio de Janeiro: Zahar.

BIRMAN, J. (2003). **Mal-estar na atualidade** – A psicanálise e as novas formas de subjetivação. Rio de Janeiro: Civilização Brasileira.

CARNEIRO, C.B.L. & COSTA, B.L.D. (2003). Cadernos gestão pública e cidadania: exclusão social e políticas públicas – Algumas reflexões a partir das experiências descritas no Programa Gestão Pública e Cidadania. **Cadernos Gestão Pública e Cidadania**, vol. 28, jul [http://inovando.fgvsp.br/ conteudo/documentos/cadernos_gestaopublica/CAD%2028.pdf].

CASTEL, R. (1998). **As metamorfoses da questão social**: uma crônica do salário. Petrópolis: Vozes.

CASTRO, M.G. & ABRAMOVAY, M. (2002). Jovens em situação de pobreza, vulnerabilidades sociais e violências. **Cadernos de Pesquisa**, n. 116, jul., p. 143-176.

CYRULNIK, B. (2006). **Falar de amor à beira do abismo**. São Paulo: Martins Fontes.

_____ (2004). **Os patinhos feios**. São Paulo: Martins Fontes.

FOUCAULT, M. (2001). **Microfísica do poder**. Rio de Janeiro: Graal.

FORRESTER, V. (1997). **O horror econômico**. São Paulo: Unesp.

INSTITUTO BRASILEIRO DE GEOGRAFIA E ESTATÍSTICA (2005). **Cidades**: São Leopoldo [http.www.ibge.gov.br – Acesso em 02/06/06].

KASTRUP, V. (2004). A aprendizagem da atenção na cognição inventiva. **Psicologia & Sociedade**, vol. 16, n. 3, p. 7-16. Porto Alegre.

MINISTÉRIO DO DESENVOLVIMENTO SOCIAL E COMBATE À FOME (2006). **Nova classificação para programas e serviços** [http.www.mds.gov.br/suas/conheça/conheca04.asp/ – Acesso em 20/06/07].

_____ (2004). **Política Nacional de Assistência Social**. Brasília: Secretaria Nacional de Assistência Social [http.www.mds.gov.br – Acesso em 20/11/05].

TOROSSIAN, S. (2006). **Investigando as condições de vulnerabilidade de crianças e adolescentes no Município de São Leopoldo** – Relatório de Pesquisa. São Leopoldo: Unisinos [mimeo.].

TRAVERSO-YEPEZ, M.A. & PINHEIRO, V.S. (2002). Adolescência, saúde e contexto social: esclarecendo práticas. **Psicologia & Sociedade**, vol. 14, n. 2, p. 133-147. Porto Alegre.

4
RISCO, VULNERABILIDADE E INFÂNCIA: ALGUMAS APROXIMAÇÕES*

Betina Hillesheim
Lílian Rodrigues da Cruz

Da sociedade disciplinar para a sociedade do risco

No presente texto, buscamos compreender a noção de risco, articulando-a com a denominada infância em situação de risco. Para isto, discutimos como este conceito – risco – passa a ser utilizado no âmbito das políticas públicas de atenção à infância, a partir do deslocamento do foco de uma gestão da vida, tal como proposto por uma sociedade disciplinar, para uma gestão do risco, nas quais as novas modalidades de biopoderes se tornam as principais estratégias de gestão (cf. SPINK, 2001).

Diferentemente do poder disciplinar, que se dirige ao corpo, o biopoder se aplica à vida dos homens, ou melhor, "não ao homem-corpo, mas ao homem vivo, ao homem ser vivo; no limite [...] ao homem-espécie" (FOUCAULT, 1999, p. 289). Esta nova tecnologia de poder, a qual se instala durante a segunda metade do século XVIII, não exclui a disciplina, mas utiliza-se desta e a modifica parcialmente, dirigindo-se à multiplicidade dos homens não como corpos individuais, mas como massa global, afetada por processos de conjunto próprios da vida. Não se trata, portanto do corpo do indivíduo, mas um novo corpo, um corpo múltiplo: a população.

Moraes e Nascimento (2002) apontam que uma sociedade disciplinar é calcada na normatização, a qual se fundamenta em um conceito de ser humano produzido pelos saberes disparados pelo poder disciplinar e que se opera mediante a criação de modelos e normas. Entretanto, a partir do século XIX e, especialmente, do

---

* Este texto foi originalmente publicado na revista *Psicologia & Sociedade* n. 20, vol. 2, 2008.

século XX, as técnicas de investigação e controle da população tornaram-se cada vez mais centrais, sendo que, nas últimas décadas, em reação aos inúmeros movimentos de contestação à sociedade de normatização, o poder refinou-se, criando espaço para que os mecanismos biopolíticos fossem cada vez mais utilizados. Deste modo, a norma já não é suficiente para o controle social, o qual precisa se valer de outros mecanismos que sejam mais eficazes.

Para Spink (2001), a noção de risco "permite explorar as mudanças que vêm ocorrendo nas formas de controle social que nos possibilitam falar de uma transição da sociedade disciplinar, formação típica da modernidade clássica, para a sociedade de risco, formação emergente na modernidade tardia" (p. 1.278). A palavra risco, como uma forma de se relacionar com o futuro, surge na pré-modernidade, na passagem da sociedade feudal para as novas formas de territorialidade que originaram os Estados-nação. Embora a humanidade sempre tenha enfrentado perigos, tanto involuntários, como aqueles decorrentes de catástrofes naturais, guerras ou vicissitudes cotidianas, como voluntários, decorrentes do que hoje denominanos de "estilo de vida", a palavra risco não estava disponível no léxico existente, sendo estes eventos definidos como perigos, fatalidades ou dificuldades. É apenas no século XIV que a palavra risco emerge no catalão, e, mais tarde, nas línguas latinas (século XVI) e anglo-saxônicas (século XVII), sendo utilizada para referir à possibilidade de ocorrência de eventos futuros, em um momento em que este passa a ser pensado como passível de controle.

Em outro trabalho, Spink, Medrado e Mello (2002) assinalam que "a noção de risco que é própria da modernidade está intimamente relacionada à incorporação cultural da noção de probabilidade" (p. 151). Citando Douglas (1992), os autores pontuam que a noção moderna de risco surge no século XVII a partir dos jogos de azar, sendo incorporada nos períodos seguintes nos contextos do seguro marítimo (século XVIII) e da economia (século XIX). Assim, o conceito de risco consolida-se, em um primeiro momento, nas áreas da Economia e da Medicina (especialmente nos estudos epidemiológicos), sendo que seu uso pleno se dá a partir da Segunda Guerra Mundial, mediante a vertente de gerenciamento denominada "Análise dos Riscos".

Para Bernstein (1997), a teoria das probabilidades é "o núcleo matemático do conceito de risco" (p. 3). Contudo, certa imprevisibilidade sempre estará presente, uma vez que o risco situa-se naquilo que se oculta no tempo, ou seja, a incerteza do futuro. Apesar das tentativas de cálculo do risco, em toda tomada de decisão sempre estarão envolvidos dois elementos distintos, porém indissociáveis: os fatos objetivos e a visão subjetiva da vontade do que será ganho ou perdido. Além disso, o conceito de risco também implica oportunidade, mesmo que esta se paute na possibilidade de se evitar a perda.

Pereira e Souza (2006) assinalam que a ambiguidade do termo risco, o qual associa tanto o possível e o provável como o positivo e o negativo, propiciou o desenvolvimento de novos sentidos, os quais sintetizam a fortuna, a sorte e a chance. Deste modo, a noção de risco incorporou a ideia de incerteza, que se compõe de resultados que possam ser tanto favoráveis como desfavoráveis. A partir disto, o conceito emerge em oposição à concepção de fatalidade e destino, a partir de uma perspectiva de domesticação do futuro. Como assinala Giddens (1992), a noção de risco é basicamente uma forma de relação com tempo e o espaço, um modo de colonizar o futuro.

Spink, Medrado e Mello (2002), na pesquisa sobre a linguagem dos riscos na mídia, discutem duas grandes categorias para a noção de risco: risco como perigo e risco como probabilidade. Na primeira, o foco é ora sobre os atores, ora sobre os riscos em si, referindo-se ao risco de algum evento indesejado. Na outra, risco denota a possibilidade de ganho ou perda, alinhando-se à linguagem dos jogos ou ao conceito probabilístico. A partir disto, destacam dois movimentos contrastantes em relação à noção de risco: por um lado, alia-se ao esforço de pôr ordem em uma sociedade crescentemente mais complexa, em uma perspectiva de culpabilização e responsabilização na qual o risco deve ser gerenciado, própria de uma estratégia de governamentalidade[1]; por outro, o risco emerge como contraposição às tentativas de ordenação dos espaços sociais, tensionando o gerenciamento de riscos.

---

1. Veiga-Neto (2003) pontua que o uso da expressão *governo* para Foucault é entendida de forma ampla e anterior à captura que a Ciência Política faz do termo a partir dos séculos XVII e XVIII, tendo o sentido de dirigir as condutas de indivíduos ou grupos: governar as crianças, as mulheres, a família, etc. Entretanto, este significado mais remoto foi sendo apropriado pelo Estado, na medida em que as relações de poder foram paulatinamente governamentalizadas. Assim, Foucault denomina governamentalidade o caráter governamental assumido pelo Estado moderno.

Beck (1999) traz o conceito de "sociedade de risco", no qual considera que a ciência e a tecnologia são os principais responsáveis pelos riscos atuais. Segundo este autor, "no sentido de uma teoria social e de um diagnóstico de cultura, o conceito de sociedade de risco designa um estágio da modernidade em que começam a tomar corpo as ameaças produzidas até então no caminho da sociedade industrial" (BECK, 1997, p. 17), tornando-a reflexiva, o que significa afirmar que a sociedade "se torna um tema e um problema para ela própria" (p. 19).

A partir disto, Spink (2001) discute o deslocamento do foco de uma gestão da vida para uma gestão de risco, na qual há uma mudança importante na concepção da natureza dos riscos, nos mecanismos de gestão das populações e as estratégias de gestão individuais. Assim, há uma percepção sobre a complexidade dos riscos modernos, os quais passam a ser compreendidos como sistêmicos e imponderáveis, havendo a necessidade de mecanismos igualmente complexos de gestão dos mesmos, os quais irão se traduzir tanto no nível das populações quanto das pessoas.

Deste modo, na contemporaneidade, a questão do risco é operada a partir dos mecanismos de poder, tornando-se um instrumento privilegiado da sociedade de controle (MORAES & NASCIMENTO, 2002). Tendo isto em vista, centramos a seguir a discussão no âmbito das políticas públicas de atenção à infância e de como emerge a noção de risco neste campo.

Perigo, risco e vulnerabilidade: como governar?

Como argumentamos em outro trabalho (cf. CRUZ; HILLESHEIM & GUARESCHI, 2005), a partir de autores como Martins e Brito (2001) e Bulcão (2002), um primeiro período a ser destacado na área de atendimento à infância no Brasil, no fim do século XIX e início do XX, caracterizava-se por medidas higienistas-eugênicas, as quais buscavam resolver os chamados problemas dos "menores" (termo que se vinculava a uma concepção de infância relacionada a questões de responsabilidade penal), a partir da retirada das crianças das ruas e sua internação em instituições apropriadas – as quais são denominadas por Foucault (1996) como *instituições de sequestro*. Desta maneira, institui-se a noção de periculosidade, conjuntamente com a necessidade de gestão e controle dos chamados perigosos. Tais formas de organização e controle são características da chamada sociedade disciplinar, cujo discurso é fundado na norma e tendo como pilares o exame e a vigilância dos indivíduos.

Desta maneira, a psiquiatria torna-se importante, na Europa, a partir do século XVIII, não somente por aplicar uma nova racionalidade médica aos problemas da mente ou da conduta, mas, principalmente, por funcionar como uma forma de higiene pública, tomando o corpo social como uma realidade biológica e um espaço de intervenção da medicina. Na passagem do século XVIII para o século XIX, a psiquiatria inscreveu-se como uma reação aos perigos inerentes ao corpo social. Portanto, fez-se uma série de deslocamentos no que se refere à gestão dos *perigosos*: do crime ao criminoso, do ato cometido ao perigo potencial, da punição do criminoso à proteção da sociedade. "Todo o campo das infrações podia se sustentar em termos de perigo, e, portanto, de proteção a garantir" (FOUCAULT, 2004, p. 19).

O autor ainda assinala que a articulação entre o direito e a ciência girou, sobretudo a partir da segunda metade do século XIX, em torno da noção de acidente, risco e responsabilidade, sendo que, diferentemente do que se concebia até então, os riscos passaram a ser vistos como gerenciáveis, podendo ser diminuídos e buscando reparar seus efeitos.

No Brasil, esta concepção de uma *infância perigosa* é delineada nas variadas políticas direcionadas à infância durante a maior parte do século XX, tais como: a criação do Laboratório de Biologia Infantil, que iniciou seu funcionamento em 1936 e que se fundamentava na classificação das crianças tidas como desviantes no intuito de conhecer as causas dos desvios (cf. OLIVEIRA, 2001); a Doutrina da Situação Irregular, que focalizava a etiologia das infrações cometidas pelas crianças, reproduzindo o padrão hegemônico sobre família, trabalho e moradia (cf. MARTINS & BRITO, 2003); a fundação, em 1942, do Serviço de Assistência ao Menor – SAM, que tinha por objetivo a recuperação e reintegração de crianças e adolescentes, a partir de um modelo repressivo baseado na disciplina e no trabalho (cf. MARTINS & BRITO, 2001) e, posteriormente, a intervenção pública sobre a infância e adolescência a partir da Política Nacional do Bem-Estar do Menor (PNBEM) e, mais tarde, do Código de Menores (cf. PASSETTI, 1999).

Até 1979 (Ano Internacional da Infância), o Fundo das Nações Unidas para a Infância (Unicef) adotava a noção de que as desigualdades sociais seriam explicadas mediante processos circulares; desta maneira, os pobres precisariam ser integrados ao processo de desenvolvimento, sendo que as ações deveriam ocorrer principalmente junto às crianças, buscando prevenir o destino que lhes era reservado pela pobreza. As ações da Unicef marcavam-se, portanto, por programas de recuperação de crianças pobres (ROSEMBERG, 1997).

Neste sentido, destacamos que, de acordo com esta autora, o discurso da Legião Brasileira de Assistência (LBA) colocava como meta a prevenção da ociosidade e da mendicância, as quais seriam consequências do abandono e da decadência moral, sendo que, por ocasião dos governos militares, em 1976, implantou-se um programa de educação pré-escolar de massa, denominado Projeto Casulo, no qual o discurso da prevenção adquiriu a conotação de segurança nacional, visto que os pobres poderiam se constituir como ameaça ao país.

Produz-se, assim, uma equivalência entre infância pobre e infância perigosa, sendo que a prevenção surge como estratégia de governamentalidade. Proliferam políticas e programas de assistência à infância, especialmente àquela em condições de pobreza, pautados em noções compensatórias, de integração ao modelo de desenvolvimento. Assinalamos aqui que a ideia de *compensar* fundamenta-se em uma determinada noção do que é *normal* ou *desejável*, estabelecendo parâmetros em relação aos quais as crianças passam a ser avaliadas como *perigosas* (*ou potencialmente perigosas*) ou *normais*. Ao *compensar*, busca-se alcançar o padrão *adequado*, o qual é previamente delineado e a partir do qual todos os outros são considerados *em falta, carentes* (e, consequentemente, necessitam ser *supridos*).

Em 1990, a partir do Estatuto da Criança e do Adolescente (ECA), é introduzida a Doutrina da Proteção Integral[2], superando a

---

2. As discussões para a formulação dessa doutrina transcorreram por uma década, desencadeadas a partir de 1979, Ano Internacional da Criança, com o objetivo de atualizar a Declaração Universal dos Direitos da Criança, de 1959. A Doutrina da Proteção Integral está sistematizada na Convenção das Nações Unidas sobre os Direitos da Criança (1989). São princípios fundamentais dessa Doutrina a consideração da criança e do adolescente como sujeitos de direitos e o seu reconhecimento como pessoas em condição especial de desenvolvimento.

Doutrina de Situação Irregular[3]. Embora o ECA não utilize o termo risco[4], o artigo 98º, nas disposições gerais relativas às medidas de proteção, postula que "as medidas de proteção à criança e ao adolescente são aplicáveis sempre que os direitos reconhecidos nesta Lei forem ameaçados ou violados", levando a pensar que uma vez que há uma ameaça de violação, existe um perigo, uma probabilidade, uma incerteza, ou seja, risco. Assim, a ameaça está calcada em uma suspeita de violação de direitos, tanto que, na interpretação de Gomes da Costa (1993), as medidas de proteção especial direcionam-se àqueles que se encontram em situação de risco social e pessoal, sublinhando que, neste caso, essas medidas não se referem ao universo da população infanto-juvenil, mas se voltam, especificamente, para a chamada *infância em situação de risco*, isto é, para aquelas crianças ou adolescentes que se encontram em circunstâncias particularmente difíceis de vida. De acordo com o autor, a situação de risco na infância vincula-se a fatores que ameacem ou causem efetivo dano à integridade física, psicológica ou moral da criança ou adolescente, em consequência da ação ou omissão de diversos agentes, tais como a família, outros grupos sociais ou o próprio Estado. Assim, mesmo que não formulada pelo ECA, a noção de risco passa a ser utilizada por Conselhos Tutelares, Juízes da Infância, profissionais, etc., dando margem, inclusive, a críticas como a de Sêda (1999), o qual aponta que falar em risco é um eufemismo que encobre situações reais de violação de direitos (e não a probabilidade de que algo ruim venha a acontecer).

O que modifica nessa concepção? Para Passetti (1999), enquanto o antigo Código de Menores realizava a classificação das crianças e adolescentes de acordo com sua inserção no trabalho e sua conduta, estabelecendo graus de periculosidade que se originariam na família, o ECA irá definir a situação socioeconômica como fundamental para compreendermos as condições de emergência da *infância em situação de risco*, cabendo ao Estado, em

---

3. Doutrina Jurídica do Código de Menores de 1979; seus destinatários eram menores entre zero e dezoito anos que se encontravam em situação irregular. A lei legitimava a intervenção estatal sobre crianças e adolescentes pobres, sujeitos ao abandono e considerados infratores em potencial. Tudo o que se opunha à norma era entendido como irregular.

4. Assinamos que, no anteprojeto do ECA, constava a expressão situação de risco, sendo que, no entender do desembargador Amaral e Silva, esta deveria ser retirada, uma vez que repetia a ideia de situação irregular do Código de Menores (CAVALLIERI, 1995).

conjunto com a sociedade civil, formular políticas sociais que deem conta desta questão.

Castel (1987) descreve como se dão as transformações na gestão das populações, as quais passam a enfatizar não mais o controle das patologias e do tratamento dos sintomas, mas o risco de determinados grupos se desviarem daquilo que foi traçado como a norma para o cidadão médio. Portanto, "as novas estratégias médico-psicológicas e sociais se pretendem sobretudo preventivas, e a prevenção moderna se quer, antes de tudo, rastreadora dos riscos" (p. 125), sendo que o risco não se relaciona à existência de um determinado perigo, mas à probabilidade do aparecimento de comportamentos indesejáveis, a partir da colocação da pessoa ou do grupo de indivíduos, em relação a uma série de fatores. Assim, prevenir é, antes de tudo, vigiar, ou seja, antecipar o surgimento de acontecimentos indesejáveis naquelas populações definidas como portadoras de risco. Contudo, o modelo de vigilância não se inscreve nas técnicas disciplinares tradicionais, sendo que as novas políticas preventivas se dirigem, em um primeiro momento, não ao indivíduo, mas a fatores (de risco) e correlações estatísticas, desconstruindo o sujeito concreto da intervenção e recompondo-o a partir de uma combinação sistemática de todos os agrupamentos suscetíveis de produzir risco. "Trata-se menos de afrontar uma situação já perigosa do que de antecipar todas as figuras possíveis da irrupção do perigo. E o que marca assim em oco o lugar do perigo é uma distância avaliável em relação às normas médias" (CASTEL, 1987, p. 126).

Assim, enquanto o perigo remete ao imponderável, ao acaso, sobre o qual não há como aplicar um cálculo de probabilidade, o risco se coloca dentro de uma ordem contida na ação humana deliberada, apontando para a probabilidade do seu acontecimento a partir do comportamento assumido pelo indivíduo, relacionando-se diretamente com as decisões do sujeito (WEBER, 2006). Faz-se necessário um deslocamento da noção de perigo para a de risco (CASTEL, 1987), sendo que a administração dos riscos surge como um novo mecanismo de controle vinculado ao biopoder, no qual a população passa a assumir, cada vez mais, os riscos decorrentes de suas escolhas e comportamentos.

Podemos dizer que temos a seguinte equação: infância + pobreza = risco = perigo. Dito de outro modo, a infância pobre vem se constituindo como alvo maciço dos saberes/poderes modernos, a qual é compreendida como um problema político e econômico, que exige esforços no sentido de seu ordenamento e controle, no sentido de transformar o perigo em risco, criando as condições de escapar à impotência trazida pela ideia de perigo (sempre aleatório e imponderável) mediante o cruzamento de diversos fatores assinalados como de risco, que permitam calcular a probabilidade do aparecimento de comportamentos indesejados. A noção de risco possibilita neutralizar a ideia de perigo, a partir da antecipação do mesmo e da vigilância sobre as situações que possam causá-lo. Portanto, a infância pobre vem demandar *políticas de proteção especial*, cabendo perguntar: quem deve ser protegido? A criança? O corpo social?

A este respeito, Hüning (2007) aponta que se enuncia um duplo risco: por um lado, o risco para o sujeito, uma vez que se avalia que o mesmo não detém as condições entendidas como necessárias e/ou adequadas ao seu desenvolvimento; por outro, o risco que este sujeito representa, na medida em que corporifica uma ameaça aos modos de vida hegemônicos. Percebe-se, assim, uma individualização do risco, sendo o sujeito compreendido como responsável pela sua condição – tanto de vulnerabilidade quanto de ameaça.

Portanto, o risco é individualizado e "as noções de **em risco** e **de risco** confundem-se; a vulnerabilidade e a ameaça aproximam-se" (HÜNING, 2007, p. 149). Assim, para avançar a discussão, é necessário compreender o entrelaçamento entre as noções de risco e vulnerabilidade, sendo que, conforme Pereira e Souza (2006), a vulnerabilidade é um conceito complementar ao risco. Estas autoras alertam que o uso do termo vulnerabilidade aparece, em geral, nos estudos científicos que tratam dos riscos ambientais e, em segundo lugar, dos riscos socioeconômicos. Assim, os estudos da área de Geografia e Demografia, por exemplo, conduzem, até meados da década de 1980, o eixo de suas discussões para as chamadas "populações em situação de risco", buscando metodologias específicas de avaliação do risco. No final da década de 1980 e início dos anos 1990, ganha visibilidade o conceito de "vulnerabilidade", a partir das discussões sobre os perigos sociais e tecnológicos.

Deste modo, a partir do modelo proposto por Cutter (1994), os estudos sobre vulnerabilidade pressupõem as relações entre risco, ações de mitigação – respostas e ajustamentos – e perigo do lugar, considerando-se as condições biofísicas gerais e a exposição ao fenômeno. Portanto, vulnerabilidade refere-se tanto a um risco biofísico como a um consenso social, em uma determinada área geográfica, a qual pode ser tanto um espaço geográfico, onde lugares e pessoas vulneráveis se localizam, quanto os espaços sociais nos quais as pessoas destes lugares encontram-se mais vulneráveis. Nessa perspectiva, um aumento de ações mitigadoras pode significar a diminuição do risco e, consequentemente, da vulnerabilidade do lugar; entretanto, o risco pode crescer caso ocorram mudanças no contexto geográfico ou na produção social, incorrendo no aumento da vulnerabilidade biofísica e social. Além disto, um aumento do perigo potencial pode desenfrear um condicionante, resultando tanto na diminuição como no aumento da vulnerabilidade (PEREIRA & SOUZA, 2006).

Conforme as autoras, enquanto o perigo, por ser um evento que acarreta algum dano, relaciona-se com os conceitos de risco e vulnerabilidade, sendo que passa a ser perigo (e deixa de ser risco) no momento em que de fato acontece, concretizando o dano,

> a vulnerabilidade se destaca pela existência de um risco, pela incapacidade de responder ao risco e inabilidade de adaptar-se ao perigo, ou, como característica dos lugares com diferentes graus de capacidade de resposta e de habilidade de adaptação, ou seja, ambas numa esfera socioambiental (PEREIRA & SOUZA, 2006, p. 6).

No campo da saúde, o conceito de vulnerabilidade foi incorporado a partir dos trabalhos de Mann, Tarantola e Netter (1993), realizados na Escola de Saúde Pública de Harward, relacionados à elaboração dos indicadores para avaliação do grau de vulnerabilidade à infecção e ao adoecimento pelo HIV, considerando três planos interdependentes de determinação: vulnerabilidade individual, vulnerabilidade programática e vulnerabilidade social. Percebe-se, assim, um entrelaçamento entre vulnerabilidade e suscetibilidade de indivíduos ou grupos a um determinado agravo à saúde.

Os autores citados distinguem esses três planos do seguinte modo: na vulnerabilidade individual, leva-se em conta o conhecimento sobre o agravo e a existência de comportamentos que oportunizem a ocorrência de infecção; na vulnerabilidade programática, considera-se o acesso aos serviços de saúde, sua forma de organização, o vínculo entre os usuários e os profissionais destes serviços, assim como as ações de prevenção e controle de saúde; na vulnerabilidade social examina-se a dimensão do adoecimento, a partir de indicadores que revelem o perfil da população da área atingida (incluindo-se nestes indicadores: acesso à informação, gastos com serviços sociais e de saúde, coeficiente de mortalidade infantil, situação das mulheres, índice de desenvolvimento, etc.).

De acordo com Abramovay et al. (2002), a vulnerabilidade social é definida como situação em que os recursos e habilidades de um dado grupo social são tidos como insuficientes e inadequados para lidar com as oportunidades oferecidas pela sociedade. Estas oportunidades constituem uma forma de ascender a maiores níveis de bem-estar ou diminuir probabilidades, de deterioração de vida de determinados atores sociais.

Assinala-se, assim, que a concepção de vulnerabilidade social tem a pretensão de superar e, ao mesmo tempo, incorporar o conceito de pobreza. "Neste sentido, faz referência a um *processo* em vez de um *estado*, como é o caso das noções de *pobreza* e *exclusão*, que se imagina permanente, estático" (CRUZ, 2006, p. 107). Além disto, Busso (2001) pontua que a vulnerabilidade incorpora a probabilidade de sofrer um dano por ocorrências inesperadas, ultrapassando a perspectiva tradicional da pobreza.

A partir disto, configura-se novamente a equação: infância + pobreza = vulnerabilidade = risco = perigo. Atente-se que a introdução da noção de vulnerabilidade abre espaço para a possibilidade de intervenção, isto é, diminuindo-se a vulnerabilidade mediante ações mitigadoras, pode-se diminuir o risco e, consequentemente, o perigo. Do cálculo das probabilidades de dano futuro, mediante o cruzamento dos fatores "sujeito em desenvolvimento" e "escassos recursos econômicos" (acrescentando-se aí uma gama de outros aspectos, tais como situação familiar, acesso a serviços de saúde, ocupação dos pais, uso de álcool e drogas, frequência à escola, etc.), a intervenção ocorre no sentido de neutralizar alguns destes fatores (como, por exemplo, a partir de ações de promoção de saúde e/ou pedagógicas), com o objetivo de minimizar o risco dos comportamentos indesejáveis. O que opera aqui é uma lógica probabilística: quanto maior for a presença de fatores de risco, maior a vulnerabilidade dessa população e, portanto, maior a possibilidade da ocorrência de algum dano, fazendo-se necessária a intervenção sobre o perigo, deslocando-o de uma ordem do imponderável e tornando-o passível de previsão e controle.

Embaralhando a equação

Moraes e Nascimento (2002) assinalam que a gestão de riscos como mecanismo de poder também vem marcar uma mudança na relação com o tempo, que deixa de ser linear e passa a operar sobre o futuro. Assim, se a norma justificava intervir sobre o presente a partir da projeção do futuro, a noção de risco visa à modificação do próprio presente, mediante a antecipação do futuro – o qual é previsto a partir do cruzamento de dados estatísticos, sendo fundamental a função dos especialistas e da ciência. A antecipação do futuro passa a reger a relação com o tempo presente: se essa antecipação indicar algum risco de algo indesejado, é o presente que deve ser modificado com o objetivo de mudar também o futuro.

Introduz-se aqui um outro elemento para podermos pensar a relação entre infância e risco: o tempo. Agamben (2005), ao discutir alguns dos termos gregos utilizados para se referir ao tempo – *Aion* como o tempo em seu caráter originário, a força vital que é percebida como temporal, como uma essência temporalizante do ser vivo e Chronos que indica o tempo objetivo, a duração, uma quantidade mensurável e contínua do tempo –, destaca que é relevante que em um dos fragmentos de Heráclito, *Aion* figure como "uma criança que joga com os dados".

Aion e *Chronos*. Qual destes tempos se relaciona com o risco? *Chronos*, certamente. Um tempo que se projeta para frente, que é objetivo, referindo-se a medidas e amarrando o passado, o presente e o futuro. Na medida em que se busca, mediante o cálculo das probabilidades, controlar todas as variáveis da vida, de modo a prever o que irá acontecer e permitir a modificação daquilo que não é desejado, a noção de risco trabalha com uma ótica de causa e efeito, a partir de uma noção cronológica do tempo. Nesta perspectiva, o futuro é um tempo fabricado no presente.

Para Larrosa (2001), a noção de futuro implica em um estreitamento do presente, constituindo-se como uma figura de continuidade do tempo e dos caminhos retos: "o futuro nomeia a relação com o tempo de um sujeito ativo definido por seu saber, por seu poder e por sua vontade – um sujeito que sabe o que quer e que pode convertê-lo em real, um sujeito que quer se manter no tempo" (p. 287). Ao projetar-se o futuro, o presente é compreendido como um tempo utilitário.

Risco e futuro estão assim intimamente ligados, sendo que, ao relacionar os fatores (de risco) do presente, busca-se fabricar o futuro: a infância (hoje) de risco deve ser transformada no adulto produtivo (de amanhã). E isto se dá a partir do biopoder, sendo que a noção de risco passa a ser individualizada e o próprio indivíduo torna-se responsável pela sua condição (de risco), devendo ser instrumentalizado para transformá-la, a partir da instauração de comportamentos preventivos.

Entretanto, o futuro não é o único modo que vem designar nossa relação com o tempo que vem; Larrosa (2001) lembra que a nossa língua usa uma outra palavra para isto: *porvir*. Com esta palavra, o autor nomeia a relação com aquilo que não se pode prever, antecipar ou prescrever; com aquilo que não pode ser fabricado, pois escapa ao saber, ao poder e à vontade. Se o futuro é algo a ser conquistado, que se faz no hoje, o porvir se abre, constituindo-se como figura da descontinuidade. O porvir implica em um sujeito receptivo, que se relaciona a partir da impotência, da ignorância e do abandono, assumindo sua finitude. O porvir é o tempo *Aion*.

Pensar no tempo que vem não como futuro, mas como porvir, rompe com a lógica do risco de uma sociedade de controle, na qual, como aponta Deleuze (1992), a linguagem numérica é formada por cifras, e os indivíduos tornam-se divisíveis, enquanto as massas tornam-se amostras e dados, sendo que, ao se tornarem sujeitos de risco, são passíveis de serem controlados. Entretanto, o porvir escapa ao controle, a partir da irrupção da incerteza, do novo, do possível impossível, abrindo-se ao que vem (cf. LARROSA, 2001). Neste sentido, este autor propõe, apoiado em Derrida, o pensamento do "talvez", como o pensamento possível do acontecimento.

> O talvez nos leva, assim, a pensar a interferência entre o futuro e o porvir, numa experiência do tempo que permite a irrupção do acontecimento. O talvez surge quando o porvir interrompe a concepção futurocêntrica do tempo, a orientação do tempo para o futuro entendido como meta ou finalidade (LARROSA, 2001, p. 288).

O pensamento do talvez abala a noção de risco, visto que o talvez não é planejável e traz a possibilidade do acontecimento, do incompreensível e do imprevisível. O pensamento do talvez embaralha os cálculos precisos que buscam prever e controlar o tempo que vem: um tempo que não é futuro, mas porvir. Um tempo que não é continuidade do presente, que não é linear, que não se orienta cronologicamente. O pensamento do talvez suspende os sinais da equação infância + pobreza, perturbando todos os cálculos, introduzindo a descontinuidade, a diferença, a abertura de um porvir. Desmancha-se a equação e permanece somente a infância: o talvez, o que não é, o que está por vir.

Referências

ABRAMOVAY, M. et al. (2002). **Juventude, violência e vulnerabilidade social na América Latina**: desafios para as políticas públicas. Brasília: Unesco/BID.

AGAMBEN, G. (2005). **Infância e história** – Destruição da experiência e origem da história. Belo Horizonte: UFMG.

BECK, U. (1999). **World Risk**. Londres: Polity Press.

_____ (1997). A reinvenção da política. In: GIDDENS, A.; BECK, U. & LASH, L. (orgs.). **Modernização reflexiva** – Política, tradição e estética na ordem social moderna. São Paulo: Unesp.

BERNSTEIN, P.L. (1997). **Desafio aos deuses**: a fascinante história do risco. Rio de Janeiro: Campus.

BRASIL (1990). **Estatuto da Criança e Adolescente** – Lei 8.069, de 13/07/1990. Brasília: Author.

BULCÃO, I. (2002). A produção de infâncias desiguais: uma viagem na gênese dos conceitos "criança" e "menor". In: NASCIMENTO, M.L. (org.). **Pivetes**: a produção de infâncias desiguais. Niterói/Rio de Janeiro: Intertexto/Oficina do Autor.

BUSSO, G. (2001). **El enfoque de la vulnerabilidad social em el contexto latinoamericano** – Situación actual, opciones y desafios para las políticas sociales a inicios del siglo XXI. [s.l.]: Cepal.

CASTEL, R. (1987). **A gestão dos riscos**: da antipsiquiatria à pós-psicanálise. Rio de Janeiro: Francisco Alves.

CAVALLIERI, A. (1995). **Falhas do Estatuto da Criança e do Adolescente**. Rio de Janeiro: Forense.

CRUZ, L.R. (2006). **(Des)articulando as políticas públicas no campo da infância**: implicações da abrigagem. Santa Cruz do Sul: Edunisc.

CRUZ, L. R.; HILLESHEIM, B. & GUARESCHI, N.M.F. (2005). Infância e políticas públicas: um olhar sobre as práticas psi. **Psicologia & Sociedade**, vol. 17, n. 3, set.-dez., 42-49. Porto Alegre.

DELEUZE, G. (1992). **Conversações**. Rio de Janeiro: Ed. 34.

FOUCAULT, M. (2004). **Ditos e escritos** – V: Ética, sexualidade, política. Rio de Janeiro: Forense Universitária.

_____ (1999). **Em defesa da sociedade**. São Paulo: Martins Fontes.

_____ (1996). **A verdade e as formas jurídicas**. Rio de Janeiro: Nau.

GIDDENS, A. (1992). Entrevista com Anthony Giddens. **Estudos históricos**, vol. 8, n. 16. Rio de Janeiro [http://www.cpdoc.fgv.br/revista/arq/179.pdf – Acesso em 23/04/07].

GOMES DA COSTA, A.C. (1993). **É possível mudar**: a criança, o adolescente e a família na política social do município. São Paulo: Malheiros [Série Direitos da Criança, 1].

HÜNING, S.M. (2007). Psicologia: da (a)normalidade ao risco. In: GUARESCHI, N.M.F. & HÜNING, S.M. (orgs.). **Implicações da psicologia no contemporâneo**. Porto Alegre: Edipucrs.

LARROSA, J. (2001). Dar a palavra – Notas para uma dialógica da transmissão. In: LARROSA, J. & SKLIAR, C. (orgs.). **Habitantes de Babel** – Políticas e poéticas da diferença. Belo Horizonte: Autêntica.

MANN, J.; TARANTOLA, D.J.M. & NETTER, T.W. (orgs.) (1993). **A Aids no mundo** – História social da Aids (1). Rio de Janeiro: Relume Dumará/Abia/IMS/Uerj.

MARTINS, C.F. & BRITO, L.M.T. (2003). A inserção do psicólogo no sistema de atendimento ao adolescente em conflito com a lei no Brasil. In: JACÓ-VILELA, A.M.; CEREZZO, A.C. & RODRIGUES, H.B.C. (orgs.). **Clio-Psyché paradigmas**: historiografia, psicologia, subjetividades. Rio de Janeiro: Relume Dumará/Faperj.

_____ (2001). Resgatando a história da política de atendimento ao adolescente em conflito com a lei no Brasil. In: JACÓ-VILELA, A.M.; CEREZZO, A.C. & RODRIGUES, H.B.C. (orgs.). **Clio-Psyché ontem** – Fazeres e dizeres psi na história do Brasil. Rio de Janeiro: Relume Dumará/Faperj.

MORAES, T.D. & NASCIMENTO, M.L. (2002). Da norma ao risco – Transformações na produção de subjetividades contemporâneas. **Psicologia em Estudo** [http://www.scielo.br/scielo.php?script=sci_arttext&pid=S1413-73722002000100012&lng=pt&nrm=iso – Acesso em 17/10/04].

OLIVEIRA, L.A. (2001). O laboratório de biologia infantil – Discurso científico e assistência no Juizado de Menores. In: JACÓ-VILELA, A.M.;

CEREZZO, A.C. & RODRIGUES, H.B.C. (orgs.). **Clio-Psyché ontem**: fazeres e dizeres psi na história do Brasil. Rio de Janeiro: Relume Dumará/Faperj.

PASSETTI, E. (1999). Crianças carentes e políticas públicas. In: DEL PRIORE, M. (org.). **História das crianças no Brasil**. São Paulo: Contexto.

PEREIRA, E.C. & SOUZA, M.R. (s.d.). Interface entre risco e população. In: ASSOCIAÇÃO BRASILEIRA DE ESTUDOS POPULACIONAIS (org.). Textos completos de comunicações científicas. **XV Encontro de Estudos Populacionais**. Caxambu: Abep [http://www.abep.nepo.unicamp.br/encontro2006/docspdf/ABEP2006_592.pdf – Acesso em 23/04/07].

ROSEMBERG, F. (1997). A LBA, o Projeto Casulo e a Doutrina de Segurança Nacional. In: FREITAS, M.C. (org.). **História social da infância no Brasil**. São Paulo: Cortez.

SÊDA, E. (1999). **Os eufemistas e as crianças no Brasil**. Rio de Janeiro: Adês.

SPINK, M.J.P. (2001). Trópicos do discurso sobre risco – Risco-aventura como metáfora na modernidade tardia. **Cadernos de Saúde Pública**, vol. 17, n. 6, nov.-dez. [Http://www.scielo.php?scrip=sci_arttex&pid=S0102-311X2001000600002&Ing=pt&nrm=isso – Acesso em 06/01/04].

SPINK, M.J.P.; MEDRADO, B. & MELLO, R.P. (2002). Perigo, probabilidade e oportunidade: a linguagem dos riscos na mídia. **Psicologia**: reflexão e crítica, vol. 15, n. 1, p. 151-164.

VEIGA-NETO, A. (2003). **Foucault & a educação**. Belo Horizonte: Autêntica.

WEBER, C.A.T. (2006). **Programa de saúde da família** – Educação e controle da população. Porto Alegre: AGE.

5
CONEXÕES INTERGERACIONAIS EM FAMÍLIAS ACOLHEDORAS
Considerações sobre tempo e abrigagem*

Claudia Fonseca

Propomos neste trabalho considerar as contribuições da análise antropológica ao planejamento de abrigos e famílias substitutos para o atendimento aos chamados "crianças e adolescentes em situação de vulnerabilidade social"[1]. Ao examinar processos sociais que ligam o jovem abrigado a grupos e entidades extrainstitucionais, assim como sua integração num trabalho, numa vizinhança ou numa nova família (a sua) após seus 18 anos, enquanto "egresso" da rede de atendimento, estaremos sublinhando a enorme importância do apoio intergeracional.

Nosso interesse decorre de uma etapa anterior de pesquisas etnográficas em grupos populares sobre diferentes modalidades de organização familiar – em particular, a circulação de crianças (FONSECA, 2002a). Reconhecendo a existência de situações em que a criança não pode ou não deve ficar com seus pais biológicos, procuramos entender quais são as alternativas "tradicionais" (extrainstitucionais) e oficiais (oferecidas pelo poder público) abertas a essas famílias e crianças. Nossas pesquisas no passado têm versado sobre os dois pontos de um grande leque de alternativas: filhos de criação (em geral, sem controle dos poderes públicos) e adoção internacional (com, ostensivamente, todos os controles possíveis) (cf., p. ex., FONSECA, 2002c). O objetivo da atual etapa

---

* Trabalho apresentado durante a 24ª Reunião Brasileira de Antropologia, 12-15/06/2004. Recife.

1. Esse termo, carregado de estereótipos negativos, é pouco adequado à análise. Porém, por não encontrar outro termo menos problemático, resolvemos usar esse, como expressão "nativa", usada pelas próprias equipes de atendimento.

de pesquisa é entender o que fica entre esses dois pontos extremos. Quais são as opções e possibilidades *oficiais* para a colocação de crianças, e quais suas consequências para as famílias (pais e crianças) envolvidas.

A preocupação que trazemos aqui nos coloca na fronteira entre pesquisa aplicada e pesquisa acadêmica, e decorre do desafio de fornecer assessorias aos planejadores de políticas públicas. Apesar de não ser particularmente nova, essa zona fronteiriça ainda representa um campo cheio de ardis. Em particular, cabe se precaver contra a avaliação maniqueísta das diferentes alternativas de colocação familiar – como se uns fossem "bons" e outros "ruins". Tal atitude não é ao todo incomum entre ativistas dedicadas ao campo da infância, militantes e profissionais de diversas ordens, que – por motivos políticos e práticos – são quase obrigadas a apresentar suas propostas como ideais, descartando outras opções como nocivas ou, na melhor das hipóteses, antiquadas. A enorme admiração que muitas pessoas demonstram pelo Estatuto da Criança e do Adolescente (ECA), como se tudo que viesse daquela legislação de 1990 fosse obviamente "bom", é apenas um exemplo desse espírito. Certamente o pesquisador não fica imune a esse tipo de entusiasmo, mas sugerimos que o que há de especial na contribuição acadêmica é justamente que falamos de "outro lugar". Não cabe ao pesquisador abraçar totalmente uma solução nem outra. A "eterna vigilância epistemológica" (BOURDIEU, 1989) nos obriga a constantemente questionar nossas próprias certezas. É pelo debate acadêmico que podemos esperar evitar alguns desses ardis, guiando a reflexão para canais mais profícuos de pesquisa.

Nossas reflexões se inserem dentro de uma linha de pesquisa que desenvolvemos há alguns anos sobre "narrativas hegemônicas" que governam nossa percepção de arranjos familiares, especialmente na área de políticas públicas para o atendimento a jovens e adolescentes abrigados. Aqui, a noção de hegemonia subentende uma disputa entre os discursos conflitantes de diferentes autoridades (cf. COMAROFF & COMAROFF, 1992). No campo de "atendimento a jovens em situação de risco", por exemplo, discerne-se um discurso normativo baseado em noções familiares típicas das camadas médias – que idealizam um arranjo filiocêntrico, organizado em uma unidade doméstica nuclear (cf. ARIÉS, 1981; SHORTER, 1975) – tanto quanto vozes dissonantes (entre psicólogos, assistentes sociais, outros técnicos e militantes, sem falar das famílias biológicas e substitutas) apontando para a possibilidade de formas familiares alternativas.

A esse debate, juntamos nossas reflexões inspiradas na rica literatura antropológica sobre família e relações intergeracionais. Podemos citar, como exemplo, o instigante trabalho de Clarice Peixoto (2004) sobre "Aposentadoria: retorno ao trabalho e solidariedade familiar" em que a autora chama atenção para a extrema importância do apoio material intergeracional no Brasil contemporâneo. De fato, a importância da relação intergeracional perpassa tradicionalmente todas as classes. Barros (1987; 2003) era uma das primeiras pesquisadoras a ressaltar o papel afetivo e emocional de avós na família de camadas médias brasileiras, antecipando outra época em que, por diversos motivos (maior número de divórcios, aumento na taxa de desemprego), os avós passariam a ter crescente importância em outras esferas da vida de seus netos e filhos adultos.

Segalen, descrevendo o caso francês, mostra como, face à "colongevidade" das gerações e a relativa autonomia econômica dos núcleos familiares (proporcionada, entre outras coisas, pelas benesses do Estado de Bem-Estar Social), cresceu depois da Segunda Guerra Mundial a ênfase no papel de apoio *afetivo* da geração mais velha. Os velhos viviam mais, gozavam de mais saúde, e se beneficiavam mais de aposentadorias dignas. Assim, em vez de ser um estorvo para a geração mais nova, passaram a oferecer anos de convivência e apoio. De fato, desde a década de 90, encontramos cada vez mais jovens franceses dependendo de seus pais, emocional e materialmente. Não somente os jovens adultos estavam demorando mais para casar e sair de casa, mas, no caso de divórcio ou separação, voltavam com bastante frequência a morar pelo menos temporariamente com seus pais, e trazendo muitas vezes os filhos (netos) juntos (SEGALEN, 1995; ATTIAS-DONFUT, 1995; LEGALL & MARTIN, 1995).

No Brasil, devemos reconhecer que diferentes circunstâncias históricas produziram um desenrolar um pouco diferente. Em grupos populares, as pessoas se tornando avós bastante cedo, uma "geração" podia ser relativamente curta. Muitas vezes, esses avós estariam numa fase relativamente estável da vida, e face às eventuais dificuldades conjugais e financeiras da geração do meio, podiam assumir um papel central na criação dos netos (NEVES, 1984; FONSECA, 2002a; SARTI, 1996; SCOTT, 1990). No entanto, considerando que, no Brasil, por causa de condições de vida adversas, boa parte dos avós não gozavam nem da saúde nem da autonomia econômica necessárias para estender esse apoio aos filhos e netos por muito tempo (cf. tb. BILAC, 1978, sobre poder de ganho em diferentes fases da vida).

O trabalho de Peixoto (2004) (cf. tb. DEBERT, 2000) sugere uma modificação recente desse padrão de relações: uma nova importância da velha geração como arrimo de família. No entanto, a mudança não seria devida (como foi o caso na França), à maior prosperidade dos velhos. Pelo contrário, atualmente, brasileiros em idade de se aposentar, estão sendo obrigados a continuar ou voltar para a vida ativa para arcar com as mínimas despesas domésticas. A importância dos velhos na rede familiar de ajuda mútua seria fruto da fragilização crescente das condições da geração "do meio". Frente ao achatamento de salários, sub- e desemprego, os filhos adultos, casados e divorciados, voltam a viver com seus velhos pais, desfrutando inclusive da minguada pensão que estes recebem.

Como que essas reflexões sobre relações intergeracionais dialogam com nossa preocupação aqui: políticas de atendimento a crianças e adolescentes abrigados. Em primeiro lugar, qualquer comparação histórica reforça nossas dúvidas sobre a determinação arbitrária da idade adulta – isto é, quando o jovem pode ser considerado autônomo, capaz de se sustentar e levar adiante sem proteção especial seu projeto de vida. A política pública determina arbitrariamente um limite de 18 anos e, excepcionalmente, 21 anos para a permanência de jovens em um abrigo do Estado. A questão é evidente. Quando muitos (talvez a maioria) de jovens em circunstâncias mais confortáveis não conseguem afirmar sua independência nessa idade, quem garante que o jovem egresso de um abrigo vai conseguir? Em segundo lugar, por excelente que seja o atendimento aos jovens enquanto estão sob a custódia do Estado, qual vai ser seu ponto de apoio familiar (intergeracional) na vida adulta?

Propomos agora considerar algumas dessas reflexões e sua pertinência para analisar os dados de uma pesquisa que a equipe do Naci (Núcleo de Antropologia e Cidadania)/UFRGS[2] está reali-

---

2. Fazem parte dessa equipe a mestranda Pilar Uriarte, e os graduandos Simone Moura Rolim, Debora Allebrandt, Martina Ahlert e Laura Zacher.

zando sobre abrigagem de crianças e adolescentes no Rio Grande do Sul. Devemos, aliás, frisar que, pelo menos na região da capital (Porto Alegre), praticamente todos os agentes do campo de infância têm uma aguda consciência dos princípios básicos do ECA. Têm compromisso com o desmonte das grandes instituições, a integração dos jovens na comunidade, a manutenção do vínculo entre irmãos, e a organização de "abrigos residenciais", "próximos ao modelo familiar", que misturam sexos e idades (FONSECA & CARDARELLO, 1999). No entanto, implementar (ou, até, interpretar) os princípios do ECA não é nada evidente. No decorrer de nossas análises, é subentendido que o enfoque que normalmente orienta planejadores – aquele centrado no desenvolvimento da psique infantil e na educação do adolescente – deixa fora elementos importantes sobre dinâmicas sociais necessárias para a integração desses jovens no tecido social.

Adentrando a questão de tempo

No Brasil, impressiona-se, a qualquer observador das políticas sobre a colocação de crianças em famílias substitutas, a tremenda atenção dada à necessidade de evitar ou *encurtar* o período de abrigamento (cf., p. ex., RIZZINI, 2004). É subentendido que, em vez de investir em abrigos, as políticas públicas devem apostar em medidas preventivas que dão apoio às famílias dos jovens. Assim, coerente com o direito à convivência familiar, garantido no ECA, surgiu nesses últimos anos certo número de programas municipais, estaduais e federais – bolsa família, bolsa escola, etc. – que preveem um acompanhamento das "famílias em situação de vulnerabilidade social". Há indicações, entretanto, que esforços investidos nesse apoio às famílias pobres ainda não foram suficientes. Pelo menos no Rio Grande do Sul, a demanda por vagas na rede de abrigos continua enorme – de três a quatro vezes a capacidade de atendimento – sendo a grande parte da procura, como em outros Estados da União, motivada pela total miséria dos pais do jovem (cf. IPEA 2004; FUNDAÇÃO DE PROTEÇÃO ESPECIAL, 2002).

É nesse contexto que devemos reavaliar o discurso sobre o caráter transitório dos abrigos no ECA. Trata-se, aliás, de um discurso que foi amplamente incorporado pela grande maioria de planejadores e administradores de abrigos (quer sejam da rede pública ou particular). Durante nossa pesquisa, ouvimos de toda parte variantes de um mesmo enunciado: "Na nossa rede (instituição), as coisas estão melhorando; as crianças estão ficando cada vez menos tempo". Não somente os administradores orgulham-se da rapidez com a qual os jovens passam pelo sistema, mas em pelo menos um caso, a diretora de uma rede pública gabou-se do fato de que, na sua gestão, tinha diminuído o número total de atendidos. A ênfase na transitoriedade é inspirada no desejo compreensível de corrigir os erros de uma época anterior quando, por indiferença ou rigidez administrativa, crianças ficavam anos a fio nas instituições sem nenhuma definição jurídica (cf., p. ex., SANTOS, 2004). Porém, sugerimos que essa política da brevidade institucional também carrega outras conotações, menos consensuais, e que devem ser revistas.

Aprofundando nossa investigação da ênfase na transitoriedade no discurso dos administradores, chegamos à conclusão de que o próprio sistema de classificação dos jovens ("sem definição", "com medida de guarda", "com destituição de pátrio poder", "aguardando adoção") é ligado a uma tentativa de controlar o tempo de permanência no abrigo. Assim, num primeiro momento, a transferência da guarda do jovem para o abrigo assinala, em princípio, uma medida *temporária,* pressupondo a possibilidade de reintegração com a família original. Quando a reintegração não se realiza em tempo (considerado) hábil, e a estada do jovem começa a se estender, a equipe de atendimento volta-se (quase que automaticamente) para a possibilidade de destituir os pais biológicos do *pátrio poder*. Assim, o jovem que não saiu do abrigo de uma forma (pela reintegração à família de origem), tem chance de sair por outra (pela integração a uma família adotiva)[3].

O problema com este esquema é que não ocorre tal como foi idealizado. Na pressa de "retorno à família", muitos jovens são desligados para famílias que não têm condições de reassumir sua parentalidade e, portanto, não conseguem cuidar e socializar seus filhos da forma imaginada pelos administradores do Estado (cf.

---

3. Em outro lugar (FONSECA, 2002c), já levantamos dúvidas sobre a política de adoção como solução para o problema de "crianças abandonadas" (cf. tb. PANTER-BRICK & SMITH, 1999). Aqui queremos simplesmente chamar atenção para o fato de que a adoção não acontece na escala esperada. Há indicações que, apesar de grandes esforços para encorajar uma "cultura de adoção", o número de adoções nacionais não está crescendo (*Folha de S. Paulo*, Caderno "Cotidiano", 27/03/04).

HUPPES, 2004; CRUZ, 2006). Por outro lado, existem crianças que permanecem no abrigo, mas sem que seus pais aceitem abrir mão de sua autoridade legal. Quando a equipe técnica entra com um pedido de destituição de poder familiar, esses pais resistem e até contestam tal sentença. Diante de tal situação, a angústia dos técnicos é visível, pois considera-se que, quanto mais demora a destituição, quanto mais velha a criança, menos suas chances de adoção. Ironicamente, mesmo depois do *pátrio poder* destituído, muitos jovens – por causa da idade avançada, cor da pele ou estado de saúde – não são considerados "adotáveis". Assim, não é incomum deparar-se com uma criança abrigada, legalmente privada de qualquer contato com os pais, e sem chance de ser adotada. Na rede estadual de atendimento, a única para a qual temos dados sistemáticos, a metade dos jovens estão nos abrigos há cinco anos e quase 20% estão no sistema há mais de dez anos[4]. Nos abrigos da prefeitura, encontramos inúmeros casos de adolescentes há mais de dez anos no sistema. Quais são as políticas de atendimento para esses jovens que, de fato, ficam a longo prazo sob os cuidados do Estado?

Depois dessa longa introdução, estamos finalmente no cerne de reflexão sobre uma parte muito real da população abrigada e cuja realidade é sistematicamente subestimada senão ignorada – os jovens que não estão "em trânsito" e que, depois de anos em um abrigo, atingem a maioridade sem ter sido "reintegrados numa família".

Abrigos e abrigados

Existiam, em 2002, um pouco mais de 700 jovens abrigados pelo Estado do Rio Grande do Sul, 150 abrigados pela Prefeitura de Porto Alegre e mais algumas centenas, concentradas principalmente na capital, em entidades assistenciais. O Juizado de Infância do Rio Grande do Sul, no seu site na internet, publica dados sobre cerca de 1.700 crianças e adolescentes abrigados no estado como um todo. Em nível nacional, uma recente pesquisa do Ipea, incluindo apenas aqueles abrigos que recebem financiamento fe-

---

4. Esses dados incluem portadores de necessidades especiais que tendem a ficar na rede mesmo depois da maioria. Porém, mesmo sem contar essa parte da população abrigada, ainda existe um terço dos jovens que ficam cinco anos ou mais no sistema. Dados da Fundação de Proteção Especial, 2002.

deral (pela Rede de Serviço de Assistência Continuada – SAC), contou cerca de 20.000 abrigados nessa rede (SILVA, 2004)[5].

Há uma diversidade muito grande de abrigos – abrigos institucionais (onde os jovens são separados por sexo e por idade), abrigos residenciais (com não mais de 15 crianças de ambos sexos e idades variadas), abrigos com monitores trabalhando em turnos de 6 ou 8 horas, e casas-lar com "pais sociais" (uma mulher ou um casal que deve morar na instituição – em forma de pequena casa – e se dedicar integralmente às "suas" crianças). Há abrigos públicos (municipais e estaduais) e abrigos administrados por organizações filantrópicas com e sem convênio com o município, muitos dos quais de declarada orientação religiosa. Nossa equipe teve interesse particular por um programa estadual de "mães substitutas" que foi iniciado oficialmente nos anos 70.

O Programa dos Lares Substitutos foi iniciado em 1972, numa época quando a antiga Febem promovia uma nova política de integrar as crianças necessitando de ajuda na comunidade. (Segundo um dos técnicos que lembra dessa época, "Era o menino dos olhos da administração de então".) Através de artigos no jornal e no rádio, fazendo apelo a donas de casa que queriam receber crianças nas suas casas, as "mães substitutas" foram recrutadas em todos bairros de Porto Alegre e no interior do Estado. Nos primeiros anos, recebiam apoio material na forma de medicamentos, roupas, material escolar, rancho de alimentos, algum mobiliado (beliches, etc.), e eventualmente materiais de construção para fazer uma puxada na casa. Já que essas mulheres eram consideradas "voluntárias", não recebiam remuneração, mas chegava um "per capita" mensal para ajudar no sustento da criança. As mães vinham para reuniões mensais na sede da Febem, onde aprendiam técnicas de nutrição e puericultura, e recebiam frequentes visitas nas suas casas pela equipe técnica que procurava, dessa forma, dar apoio e averiguar o andamento da família.

A maioria era classificada como "lares transitórios" no início, e as mães eram preparadas para receber as crianças por um curto período, esperando que as mães "originais" estivessem em condi-

---

5. Lembrando que, nos Estados Unidos, há cerca de 500 mil (ou seja, meio milhão) de jovens colocados na rede pública de atendimento podemos supor que o número total de abrigados no Brasil também corre nas centenas de milhares. National Adoption Information Clearinghouse, http://www.calib.com/naic.

ções de retomar seus filhos ou que as crianças fossem dadas em adoção. Em muitos casos, as mães substitutas aprenderam a conviver com essas mães originais, chegando a dar conselhos e ajuda para estas se "organizarem". Em outros casos, as mães substitutas tiveram que aguentar a dor da despedida quando uma criança, criada desde pequena nas suas casas, fosse enviada para França ou Bélgica em adoção. Eventualmente, certas crianças (mais velhas, mais negras ou com problemas de saúde) foram ficando, e dessa forma os lares transitórios passaram (fosse oficial ou informalmente) ao *status* de "lar regular", onde se previa que a criança ficaria até sua maioridade.

O programa tinha diversas vantagens. As crianças eram em geral bem integradas na comunidade. Era possível manter o vínculo com seus pais originais enquanto moravam no lar substituto. Grupos de irmãos eram mantidos juntos. Com boa supervisão, foi possível afastar as mães substitutas que não tivessem vocação para esse tipo de trabalho, de forma que a maioria das mulheres que permaneciam no Programa mostravam atitudes maternas e grande afeto pelos jovens colocados com elas. A guarda oficial destes ficava, no entanto, com o Estado.

Era, em suma, um programa modelo, copiado por outros Estados da União (MENEZES, 1997). Tratava-se de famílias de renda modesta, morando em bairros populares que, mediante uma pequena retribuição (a "per capita" mensal nunca era mais do que um terço de um salário mínimo) recebia crianças colocadas pelas autoridades públicas nas suas próprias casas. É significativo que uma recente pesquisa internacional sobre famílias acolhedoras em diversos países do mundo aponta para esse programa em Porto Alegre como único exemplo, na história recente do Brasil, de um programa público de acolhimento (COLTON & WILLIAMS, 1997).

O maior problema dessas "mães" é que, desde o início, não havia como enquadrá-las na legislação oficial. Portanto, nunca foram regulamentadas de forma oficial, e não tinham *status* definido. Na década de 80, foi organizada uma Associação Beneficente das mães substitutas que devia intermediar os interesses e demandas das mães e o Estado. No entanto, já – em outros setores (por exemplo, com as creches vicinais) – "voluntárias" cuidando de crianças (numa atividade terceirizada pelo Estado) passaram a processar o governo, procurando reivindicar direitos trabalhistas. Todo programa irregular tornou-se assim suspeito.

Mesmo assim, em 1994, houve um estudo para definir a situação do programa de família substituta – se não devia ser ampliado. Naquela época ainda existiam 35 casas (25 na capital, 10 no interior do Estado) com 168 crianças abrigadas. Apesar de uma avaliação geralmente favorável, a ampliação do programa foi vetada pela administração de então e o programa passou a ser considerado "em extinção". Não se faziam mais novas colocações, mas as crianças que estavam bem-adaptadas a suas respectivas famílias, e que não podiam ser desligadas para retorno à família de origem ou adoção, foram deixadas nos "lares comunitários" (como passaram a ser denominados a partir de 1994).

Assim, não obstante seu relativo sucesso, o programa foi gradativamente fechado a partir de 1994, sendo as últimas cuidadoras (conhecidas agora como *avós* substitutas, em vez de mães) – junto com os jovens que estavam criando – cortadas de qualquer apoio estatal no final de 2002. O programa foi terminado com a justificação que era "administrativamente irregular". O vínculo das mães cuidadoras com a Febem nunca tinha sido claramente definido e sempre existia a ameaça de que estas moveriam um processo judicial contra o Estado para exigir direitos trabalhistas.

Nossa equipe de pesquisadores chegou às famílias poucos meses depois que o programa foi fechado. Sobravam, nos últimos anos, apenas nove famílias (abrigando 28 jovens tutelados), das quais sete foram visitadas diversas vezes. Para recompor a história desse programa, também fizemos inúmeras entrevistas com técnicos e administradores, além de consultar documentos da antiga Febem e a atual Fundação de Proteção Especial. A pesquisa do Naci (cf., em particular, URIARTE, 2005) era para resgatar algo da experiência dessas mães substitutas, hoje "avós substitutas" – e da dinâmica intergeracional que emergiu ao longo dos anos entre elas e seus tutelados. Em relação às ricas descrições sobre solidariedade familiar na literatura antropológica sobre grupos populares (SARTI, 1996; FONSECA, 2002a), não há nada particularmente extraordinário nessa dinâmica. Porém, esta literatura teve pouca penetração nas discussões sobre políticas públicas para o abrigo de crianças e adolescentes em situação de risco. Ao efetivar a convergência desses temas, descobrimos certas vantagens da família acolhedora quando essa é comparada a outras formas de abrigo.

Não é nossa intenção desqualificar os abrigos "clássicos" – o que o senso comum faz com uma facilidade estonteante. No Rio

Grande do Sul houve um esforço enorme para criar espaços aconchegantes para os jovens abrigados (cf., p. ex., ARPINI, 2003) e a grande maioria de abrigos foi reestruturado conforme as orientações do ECA: pequenas unidades (12-14 crianças), idades variadas, ambos os sexos, irmão mantidos juntos, etc. Creio, no entanto, à luz das dinâmicas intergeracionais que descrevemos aqui, que as famílias acolhedoras possuem diversas vantagens em relação a abrigos institucionais e, em certos casos, em relação à adoção plena.

Relações intergeracionais

Há no mínimo três aspectos da relação intergeracional que se mostram pertinentes no planejamento de uma política para jovens abrigados. Por falta de tempo, tocamos só brevemente nesses pontos na esperança de despertar futuros debates.

Em primeiro lugar, vejamos a noção de família. Não podemos esquecer que, para a grande maioria de ocidentais, existe, ao lado da noção da "família de escolha" (a família que forjamos, legitimada pelo desejo, pelo afeto), a da "família de destino" (a família que nos é dada pelos fatos biológicos). A família adotiva ganhou muito em prestígio nesses últimos anos, justamente por confirmar a noção de "família de escolha". No entanto, a quantidade de jovens adotados "em busca de suas origens", percorrendo arquivos e atravessando o globo para saber mais sobre seus ancestrais, nos lembra que "a família de destino" permanece com peso importante (ver FONSECA, 2002b).

Podemos incluir essa "memória genealógica" como elemento importante da dinâmica intergeracional. Nesses termos, a adoção plena[6], com a destituição de *pátrio poder* e a ruptura de todo vínculo com os pais e parentes da família de origem, podem ser vivenciadas como problemáticas pelo jovem. Isso, sem entrar na questão que discutimos longamente em outros lugares, sobre a violação dos direitos dos pais destituídos do poder familiar (FONSECA & CARDARELLO, 1999; cf. tb. NASCIMENTO, 2002).

---

6. Desde o ECA (1990), existe apenas uma forma de adoção que implica na substituição total dos pais biológicos pelos pais adotivos. Insisto em me referir a esta pelo seu termo tradicional, "adoção plena", para lembrar que existiriam outras modalidades possíveis de adoção.

Nas famílias acolhedoras, por outro lado, observamos inúmeros casos em que as crianças mantiveram contato pelo menos esporádico com a mãe ou os pais biológicos ao longo de sua juventude. Nos casos em que esse contato não ocorria por iniciativa dos pais, soubemos de jovens que conseguiram localizar sua genitora ou que ainda foram procurados – depois de anos – por primos e colaterais da família consanguínea. Não pretendemos pintar um quadro cor-de-rosa de uma "grande reunião". Nas condições miseráveis nas quais muitos pais biológicos ainda viviam, seria difícil imaginar um fim de história em que, depois do reencontro, todos vivessem "felizes para sempre". No entanto, ressaltamos o fato de que os jovens nas famílias acolhedoras conseguiram em geral manter sua identidade familiar original, legado de seus ascendentes e porta de entrada para a participação em uma rede extensa de parentes.

O segundo elemento diz respeito àquilo que Neves (2001) chama "a gestão da precária inserção geracional". Essa autora lembra, no seu estudo de diferentes entidades filantrópicas, que essas instituições procuram ao mesmo tempo minimizar os efeitos negativos da pobreza e proporcionar uma educação (escolar e moral) que propicie a inserção exitosa dos jovens "em situação de risco" na vida adulta. Trata-se enfim da socialização de adolescentes visando, entre outras coisas, afastar a possibilidade de comportamentos antissociais. Mas, para tanto, como nos lembram os historiadores sociais (cf., p. ex., DONZELOT, 1977), as medidas sociais devem também disciplinar as próprias famílias que socializam os jovens: tirar os homens das tavernas, fixar as mulheres no espaço doméstico e os jovens na escola. É importante lembrar, no entanto, que as pessoas sendo "disciplinadas" não estavam aceitando essa nova forma familiar simplesmente por imposição de uma ideologia burguesa. Como frisa o autor, esperavam e recebiam ganhos reais em troca. Assim, os diferentes apoios financeiros, projetos de habitação popular, salários dignos, com direito a repouso familiar, etc. contribuíam para uma vida familiar que poderia ser vista "como uma forma positiva de solução dos problemas colocados por uma definição liberal do Estado" (p. 54). Trata-se, enfim, de um processo social – que, na Europa, levou mais de um século de intervenção estatal para criar as condições necessárias para a normatização das famílias de baixa renda.

Nesse respeito, é interessante notar que o programa de famílias acolhedoras representava uma intervenção estatal que estendia seus benefícios (materiais e socializadores) até o seio dos bairros populares: propiciava não somente o cuidado dos jovens, mas também o enquadramento de certo número de famílias de renda modesta. Nos depoimentos das mães acolhedoras, aparece constantemente a maneira como suas próprias vidas foram organizadas pelos interventores da Febem, através de cursos (sobre nutrição, psicologia infantil, etc.), reuniões mensais e visitas domiciliares pelos técnicos responsáveis. Certamente, essa intervenção na família acolhedora representava uma faca de dois gumes: de acompanhamento (considerado bem-vindo pelas mães substitutas) e de controle (veementemente rechaçado). De toda maneira, percebemos uma presença mais ou menos benéfica do Estado na vida de muitas famílias que, de outra forma, poderiam ter vivido na margem social. Em outras palavras, o programa, ao mesmo tempo que acompanhava o desenvolvimento dos jovens colocados, também agia para socializar quem cuidava deles.

Se esse (duplo) esforço de socialização "deu certo" ou não, se as crianças colocadas pela Febem cresceram conforme o planejado, é difícil avaliar em termos quantitativos. Nossa impressão é que deu resultados não muito diferentes dos que encontraríamos em qualquer outra família das camadas médias baixas entre as quais as mães substitutas foram recrutadas. Certos jovens tiveram bom desempenho escolar, terminando o segundo grau com a idade padrão e estavam com planos para "tentar um vestibular". Muitos arrumaram um emprego ou juntaram-se com 17 ou 18 anos, seguindo – tal como seus vizinhos – carreiras modestas de vigia ou balconista. Outros, inicialmente com "leves" distúrbios neurológicos, pioraram ao longo dos anos, dificultando um projeto de inserção normal na sociedade. E soubemos de pelo menos dois jovens que passaram por uma fase de dependência tóxica... O que interessa nesses casos, no entanto, é que, mesmo problemáticos, os jovens permaneceram com a mãe substituta, e esta, com a assessoria da Febem, se empenhou em coordenar esforços – médicos, psiquiátricos, e, quando cabido, judiciais – para ajudar o jovem "a sair dessa". É justamente a persistência dessas mães, frente a "filhos difíceis", que lembra a dinâmica idealizada da inserção geracional.

O terceiro elemento, e talvez mais pertinente para nossa discussão aqui, diz respeito à passagem da mãe substituta ao *status* de avó – quer dizer à continuidade da relação tutor-tutelado além do período enquadrado no programa estatal. Teoricamente, as mães eram desligadas à medida que as crianças sob sua tutela atingiam a maioridade. De fato, na maioria dos casos que observamos, essas mulheres (e suas famílias) continuaram a se comportar como parentes bem depois do período previsto. (De fato, quando o programa foi abruptamente terminado no final de 2002, todos os jovens foram teoricamente desligados do programa. No entanto, apenas uma das nove mães, uma senhora idosa com câncer em fase terminal, "devolveu" seus tutelados – cinco jovens excepcionais – ao Estado). Em pelo menos duas casas, as "avós" cuidavam regularmente de seus "netos emprestados", mesmo depois dos "filhos" saírem de casa, reafirmando assim o vínculo com os jovens adultos que tinham criado "desde pequenos".

É importante, entretanto, frisar que nessa continuidade da relação intergeracional, o fluxo de ajuda não é unidirecional. Espera-se dos jovens tutelados, tal como se espera-se dos filhos nascidos da casa, um aporte material desde a adolescência. As mães são plenamente conscientes de que não é politicamente correto encorajar o trabalho infantil, mas gabam-se do fato que os mais velhos – 16 anos para cima – contribuem com seus salários para as despesas da casa. E, ao longo dos anos, é subentendido que os períodos em que o jovem (descasado ou desempregado) está precisando de ajuda serão seguidos por outros em que a geração mais velha será quem recebe ajuda. O *status* socioeconômico semelhante da mãe substituta e seus tutelados torna possível essa dinâmica de mutualidade.

Certamente, as famílias acolhedoras, longe de serem "ideais", encerravam paradoxos da sociedade desigual em que nasceram. Os "meninos da Febem" raramente foram absorvidos com *status* igual a crianças da família. Isto acontecia só nos casos em que a mãe adotava a criança oficialmente, abrindo mão dos apoios do programa. Contam-se histórias de pessoas (parentes e vizinhos da mãe substituta) que não aceitavam essas "crianças da Febem" nas suas festas e atividades de lazer. E, sem dúvida, havia casos em que a mãe substituta não se acertava com o jovem que lhe fora confiado, sendo este – em consequência – mudado de família. A realidade – quer se trate de uma família nuclear, uma família chefiada por mulher, recomposta ou de criação – é raramente um mar de rosas. Diante da notoriamente má distribuição de renda, escolas inadequadas, e emprego escasso[7], os dilemas das famílias de baixa renda são ainda mais desafiadores. Mas, gostaríamos de levantar a hipótese de que, entre aqueles jovens que ficaram por muitos anos a cargo do Estado, os que foram integrados em famílias acolhedoras conseguiram manter velhas e constituir novas ligações intergeracionais – com todas as responsabilidades e vantagens que estas implicavam – com muito mais facilidade do que os que foram criados em abrigos. O que nos interessa aqui diz respeito à ajuda mútua evocada na literatura discutida acima (PEIXOTO, 2004; BARROS, 1987), uma ajuda fornecida ao longo da vida entre gerações.

Uriarte (2005), ao considerar o veto administrativo ao programa "Mães Substitutas", mostra como a atitude oficial que decretou o fim do programa comporta sensibilidades de classe, ancoradas nos valores individualista e igualitário do modelo nuclear (cf. DUARTE, 1994), tanto quanto elementos mais "pragmáticos" (o medo de complicações inspiradas na legislação trabalhista). Assim, sem nunca ter subido uma avaliação sistemática, o programa acabou sendo visto, de forma quase consensual, como algo "atrasado" ou mesmo prejudicial para as crianças (uma "solução *pobre* para crianças *pobres*"). As considerações administrativas e orçamentárias deslizam para considerações morais – e dessa maneira resolve-se que o programa de "mães substitutas" não é um programa que contribui para o bem-estar dos jovens. Poderíamos perguntar se, de forma semelhante, não se misturam inquietações pragmáticas e morais nos discursos atuais sobre a necessidade de limitar o tempo de permanência de jovens nos abrigos. Certamente, a insistência com que o Estado, citando a descentralização de serviços estipulada no ECA, tenta empurrar jovens abrigados para o município, e a resistência dos municípios em expandir seus serviços para absorver esses jovens sugere que, além do "bem-estar da criança", podem existir outros motivos – de natureza orçamentária – agindo em favor da transitoriedade.

---

7. Podemos ilustrar a dimensão de desemprego com o seguinte exemplo: no início de 2005, houve no Rio Grande do Sul um concurso para auxiliar de merendeira nas escolas estaduais: inscreveram-se 24 mil candidatos para 4 vagas.

Nas atuais circunstâncias políticas e econômicas, ainda existe bom número de famílias que vivem na miséria, assim como de jovens que exigem considerável investimento público para ter seus direitos mínimos garantidos. Certamente, políticas de apoio às famílias pobres, assim como campanhas para a adoção plena de crianças realmente abandonadas, são de suma importância. Sugerimos, no entanto, que boa parte, senão a maioria, dos jovens atualmente atendidos pelos serviços do Estado não terá seus problemas resolvidos por qualquer dessas duas políticas. Em outras palavras, a ênfase na transitoriedade não pode redundar na adulação incondicional da família "natural", nem na desvalorização estereotipada de abrigos. Para atender a esses jovens, é fundamental que planejadores e técnicos enfrentem a possibilidade da não transitoriedade, e que, entre suas considerações, incluiam alternativas viáveis (tais como as famílias acolhedoras) que propiciem não somente o cuidado temporário, mas também a inserção intergeracional desses jovens na vida adulta.

Referências

ARIÈS, P. (1981). **A história social da criança e da família**. Rio de Janeiro: Zahar.

ARPINI, D.M. (2003). **Violência e exclusão**: adolescência em grupos populares. Bauru: Edusc.

ATTIAS-DONFUT, C. (1995). En France: coresidence et transmission patrimoniale. In: GULLESTAD, M. & SEGALEN, M. (orgs.). **La famille en Europe**: parenté et perpétuation familiale. Paris: La Découverte.

BARROS, M.L. (2003). **Reciprocidade e fluxos culturais entre gerações**. São Paulo: Sesc [Trabalho apresentado ao Congresso Internacional Coeducação de Gerações].

_____ (1987) **Autoridade e afeto** – Avós, filhos e netos na família brasileira. Rio de Janeiro: Zahar.

BILAC, E. (1978). **Famílias de trabalhadores**: estratégias de sobrevivência. São Paulo: Símbolo.

BOURDIEU, P. (1989). Introdução a uma sociologia reflexiva. In: **O poder simbólico**. Lisboa: Difel.

COLTON, M.J. & WILLIAMS, M. (1997). **The world of foster care**: an international sourcebook on foster family care systems. Brookfield: Arena.

COMAROFF, J. & COMAROFF, J. (1992). **Ethnography and the Historical Imagination**. Boulder: Westview Press.

CRUZ, L.R.P. (2006). **(Des)articulando as políticas públicas no campo da infância**: implicações da abrigagem. Santa Cruz do Sul: Edunisc.

DEBERT, G. (2000). Terceira idade e solidariedade entre gerações. In: GOLDSTEIN, D. & DEBERT, G. (orgs.). **Políticas do corpo e curso da vida**. São Paulo: Sumaré.

FONSECA, C. (2004). **Família, fofoca e honra**. Porto Alegre: UFRGS.

_____ (2002a). **Caminhos da adoção**. São Paulo: Cortez.

_____ (2002b). A vingança de Capitu – DNA, escolha e destino na família brasileira contemporânea. In: BRUSCHINI, C. & UNBEHAUM, S. (orgs.). **Gênero, democracia e sociedade brasileira**. São Paulo: Ed. 34.

_____ (2002c). The politics of adoption: child rights in the Brazilian setting. **Law & Policy**, vol. 24, n. 3, p. 199-227.

FONSECA, C. & CARDARELLO, A. (1999). Direitos dos mais e menos humanos. **Horizontes Antropológicos**, vol. 10, p. 83-122.

FUNDAÇÃO DE PROTEÇÃO ESPECIAL/Estado do Rio Grande do Sul (2002). **Relatório CMA-Procergs**. [s.l.]: Coordenação de Apoio Estratégico/Núcleo de Monitoramento, Avaliação e Pesquisa.

GULLESTAD, M. & SEGALEN, M. (orgs.) (1995). **La famille en Europe**: parenté et perpétuation familiale. Paris: La Découverte.

HUPPES, I.K. (2004). **O direito fundamental à convivência familiar**. [s.l.]: Escola Superior do Ministério Público [Especialização em Direito Comunitário: infância e juventude. Trabalho de especialização].

LEGALL, D. & MARTIN, C. (1995). Construire un nouveau lien familial: beaux-parents et beaux-grands-parents. In: GULLESTAD, M. & SEGALEN, M. (orgs.). **La famille en Europe**: parenté et perpétuation familiale. Paris: La Découverte.

MENEZES, V.M.Q. (1997). **Gestação adotiva nas famílias substitutas**. Fortaleza: UFC [Curso de Especialização em Terapia Familiar].

NASCIMENTO, M.L. (org.) (2002). **Pivetes**: a produção de infâncias desiguais. Rio de Janeiro/Niterói: Oficina do autor/Intertexto.

NEVES, D.P. (2001). A gestão da precária inserção geracional. **Cadernos do ICHF/UFF**. Niterói.

_____ (1984). Nesse terreiro galo não canta – Estudo do caráter matrifocal de unidades familiares de baixa renda. **Anuário Antropológico/83**. Rio de Janeiro: Tempo Brasileiro.

PANTER-BRICK, C. & SMITH, M.T. (orgs.) (1999). **Abandoned Children**. Cambridge: Cambridge University Press.

PEIXOTO, C.E. (2004). Aposentadoria: retorno ao trabalho e solidariedade familiar. In: PEIXOTO, C.E. (org.). **Família e envelhecimento**. Rio de Janeiro: FGV.

RIZZINI, I. & RIZZINI, I. (2004). **A institucionalização de crianças no Brasil**: percurso histórico e desafios do presente. São Paulo: Loyola.

SANTOS, M.I. (2004). Mapeando a realidade de um trabalho voluntário: levantamento estatístico. In: AZAMBUJA, M.R.F.; SILVEIRA, M.V. & BRUNO, D.D. (orgs.). **Infância em família**: um compromisso de todos. Porto Alegre: Instituto Brasileiro de Direito de Família.

SARTI, C. (1996). **A família como espelho** – Um estudo sobre a moral dos pobres. Campinas: Autores Associados/Fapesp.

SCOTT, R.P. (1990). O homem na matrifocalidade: gênero, percepção e experiências do domínio doméstico. **Cadernos de Pesquisa**, n. 73, p. 38-47. São Paulo.

SHORTER, E. (1975). **The Making of the Modern Family**. New York: Basic Books.

SILVA, E.R.A. (org.) (2004). **O direito à convivência familiar e comunitária** – Os abrigos para crianças e adolescentes no Brasil. Brasília: Ipea/Conanda.

URIARTE, P. (2005). **Substituindo famílias** – Continuidades e rupturas na prática de acolhimento familiar intermediada pelo Estado em Porto Alegre, 1946-2003. Porto Alegre: UFRGS [Dissertação de mestrado – Programa de Pós-Graduação em Antropologia Social].

6
CONCEPÇÕES SOBRE A CATEGORIA JUVENTUDE
Paradoxos e as produções nos modos de ser jovem

Zuleika Köhler Gonzáles
Neuza Guareschi

O jovem tem sido foco de atenção por parte das instituições sociais, sejam públicas ou privadas. Nos discursos da sociedade sobre essa população, o jovem aparece associado, mais recentemente, à ideia de inserção nos processos sociais. Assim, por exemplo, por parte de órgãos oficiais do governo e da sociedade civil vemos a convocação para uma grande mobilização de diferentes parceiros, como relatado na pesquisa realizada pelo Ibase e Instituto Polis (2006), tais como a escola, redes institucionais, legisladores, tomadores de decisão, meios de comunicação e opinião pública em geral, "para que se possa legitimar a institucionalização de políticas públicas e potencializar seus benefícios, ressaltando que a exclusão dos jovens não é um problema somente deles, mas do conjunto da sociedade".

No campo acadêmico, vê-se uma grande produção de pesquisas e de conhecimento em torno da juventude[1]. Nas produções de conhecimento circula um discurso de "preocupação" com relação aos jovens no tocante à sua integração na ordem social, envolvendo a produção econômica e a constituição familiar.

Neste texto, remetemo-nos a algumas concepções sobre juventude produzidas em momentos específicos da sociedade, sobretudo nas últimas décadas do século XX, para evidenciarmos a ma-

---

[1]. Ver produção de pesquisas da Unesco, Instituto Cidadania, Instituto Akatu, Ação Educativa, Projeto Juventude, entre outros, nos sites www.unesco.org.br; www.icidadania.org.br; www.akatu.org.br; www.acaoeducativa.org.br; www.projetojuventude.org.br – Acesso em 30/12/06.

neira como foram sendo visibilizados determinados discursos sobre essa categoria, articulados com a noção de valores que prescrevem a ordem social. Ainda, objetivamos mostrar como foram se legitimando esses discursos a partir de práticas inscritas em campos de saber que, posicionados na confluência de linhas de força e jogos de poder, prescrevem modos de ser jovem na sociedade. Em especial, buscamos discutir a implicação das práticas *psi* na prescrição legitimada pelos discursos psicológicos na produção desses sujeitos e o investimento do mercado capitalista nessa população como consumidores potenciais. Finalmente, com base em uma concepção de novidade presente nos escritos de Hannah Arendt, apresentamos algumas questões para se pensar essa categoria.

Algumas concepções de juventude

Pressupomos, para esta discussão, que cada época profere discursos relativos aos seus jovens. Tais discursos denotam modelos e expectativas que irão produzir formas de ser e agir a partir de interesses específicos do momento histórico, cultural e social vigente. Os jovens, nesse sentido, são sujeitos concretos que se aproximam ou não, em seus modos de vida, dos sentidos produzidos por esses discursos em cada época particular.

Se prestarmos atenção nos sentidos produzidos por um determinado discurso que circulava na sociedade dos anos 1960 sobre a juventude no Brasil, veremos que esta categoria era tomada como "o futuro do amanhã". Nela se embutia a esperança da concretização dos projetos de "desenvolvimento e progresso" do pujante capitalismo desenvolvimentista de então: os jovens tornar-se-iam modelos de "chefes de família", "profissionais de carreira", "filhos", "estudantes", etc. (SOUZA, 2005).

Em contrapartida, em falas como "é proibido proibir" e "revolução do desejo" vinculavam-se sentidos produzidos por discursos propagados nos episódios sociais dos últimos anos da década de 1960. A partir de 1968, a imagem preponderante veiculada sobre o jovem é a do revolucionário, militante, relacionada à noção de contracultura ou de vanguarda, em uma perspectiva de transgressão ou contestação à ordem e em uma posição de recusa, de "aversão a toda prática autoritária e utilitarista" (ABRAMO, 1997, p. 6). Esse discurso vinha associado com "a busca de modos alternativos de viver, com o desejo de criar uma contracultura"

(SEMERARO, 1994, p. 21), sentido também presente no texto de Muller (2005).

Outros autores (SOUZA, 2005) situam a segunda metade da década de 1980 como o momento em que o jovem deixa de ser "o futuro do amanhã" para ser "o problema de hoje". Essa mudança de concepção seria efeito da "crise urbana do trabalho", em que o jovem estaria às margens do processo econômico-social. Ainda na década de 1980, associa-se a juventude ao movimento das "Diretas já", como se todos os jovens estivessem mobilizados nas questões políticas e sociais da época.

Assim, é possível ver que, para cada momento histórico, é apresentada uma ideia iconizada da juventude, passando a valer, em âmbito geral, como o modelo de análise do jovem concreto em suas relações. Instaura-se determinado ícone acerca da juventude, o que denota uma maior visibilização de determinado modo de ser como efeito do campo de forças em constante luta no qual nos situamos. O que queremos dizer com isto é que cada noção de juventude veiculada como sendo uma visão hegemônica do modo de ser jovem desconsidera a produção de sentidos e modos de ser engendrados no exercício do embate entre forças situadas e datadas em condições históricas e culturais de cada tempo, e que, portanto, podem ser produzidas inúmeras e singulares formas de subjetivação ou modos de ser em cada momento específico.

Em boa parte das análises tradicionalmente formuladas no decorrer do século XX, a emergência da concepção de juventude articula-se a um discurso político e acadêmico que enfatiza as dimensões de transgressão, de crises, dos excessos, dos conflitos e das explosões, reforçado ao longo dos anos por teorias científicas que apontam a juventude como sendo foco e germinação de problemas sociais (ABRAMO, 1997; GONÇALVES, 2005; QUIROGA, 2005). Tal perspectiva parece ter vindo ancorada, sobretudo, em discursos presentes na primeira metade do século XX sobre a "juventude transviada" americana ou naquele dos "rebeldes sem causa" da Europa, articulada a um discurso científico proveniente de uma psicologia do desenvolvimento. Relacionava-se determinada fase do desenvolvimento humano – como a adolescência e a juventude – com um período marcado por contestação aos "padrões familiares e culturais herdados das gerações anteriores, principalmente a de seus pais" (QUIROGA, 2005, p. 8). Dessa forma, grande parte das mazelas sociais acabava por ser creditada a essa parcela da população.

Algumas formulações tradicionais em torno dos segmentos juvenis têm sido mais fortemente reiteradas nas últimas décadas por discursos oficiais de Estado e de procedência acadêmica no entendimento e explicação dos comportamentos juvenis. Os jovens ora são vistos como geradores de problemas, ora como um setor vitimizado da população que precisa ser objeto de maior atenção. Preocupações destinadas a: manter a paz social ou preservar a juventude? Controlar a ameaça que determinados segmentos juvenis oferecem ou considerá-los como seres em formação ameaçados por problemas decorrentes de fatores sociais, econômicos e culturais da sociedade? (NOVAES & VANNUCHI, 2004; SPOSITO & CARRANO, 2003).

Esse incômodo lugar destinado aos jovens por uma determinada leitura social se atualiza em tempos mais recentes. A associação entre a população juvenil e a violência é apontada pela educadora Marilia Sposito, ao ser entrevistada pelo *Jornal Brasil de Fato*, em abril de 2006. A autora aponta para o fato de que tal associação é visibilizada, principalmente, na década de 1990, a partir de dois episódios: as rebeliões nas Febems, centralizadas no Estado de São Paulo, em 1995, e o assassinato do índio pataxó Galdino, em Brasília, no ano de 1997. Sposito diz como essa associação produz todo um aparato de legitimação de um discurso a partir de instituições públicas, citando, como exemplo, as pesquisas realizadas pela Unesco que tomam por base a ligação "juventude e violência", a partir do final da década de 1990.

A ONU, por meio da Unesco, inaugurou em 1997, aqui no Brasil, o seu setor de Pesquisa e Avaliação. Já no ano seguinte, iniciaram-se pesquisas voltadas à população juvenil, inscrita em um contexto de problemas sociais e, muitas vezes, de perigo ou risco social, em que a juventude aparecia relacionada predominantemente à temática da violência social. Foi, então, publicado o primeiro "Mapa da Violência – os jovens do Brasil" (WAISELFILZ, 1998), um estudo que já está na sua quarta edição. Dentre os temas focalizados pela Unesco, centralizam-se a problemática da violência, referindo-se ora às "formas emergentes de sociabilidade transgressora" entre os jovens (WAISELFISZ, 1998), ora às questões de "vulnerabilidade do jovem" à violência (UNESCO, 2004).

Além desses temas, violência e juventude também se apresentam associadas com discursos sobre a sexualidade, as drogas e a educação no cotidiano escolar, relacionando-se essas questões, principalmente, com os jovens em situação de pobreza. Um dos últimos relatórios apresentados pela Unesco em 2006 tem como tema os jovens no "Cotidiano das Escolas: entre violências".

É interessante observar que, nos objetivos apresentados para a realização de tais estudos, o discurso de regulação social é bastante claro ao dizer que as pesquisas buscam "contribuir para a modelagem de políticas públicas para a juventude, enfatizando-se a participação do jovem como produtor e como consumidor cultural" (CASTRO et al., 2001). Objetivam, ainda, "ampliar a visibilidade social de experiências no trabalho com jovens – particularmente aqueles em situação de pobreza" (UNESCO, 2006).

Assim, o que se vê nesse contexto é a produção de maneiras de ser e viver relacionadas à juventude que, por sua vez, em cada época, emergem de uma correlação de forças que produzem efeitos de visibilidade no campo social. É na cristalização de um determinado modo de ser, colado à concepção de juventude de uma determinada época social e histórica, que em muitas situações se produz a essencialização da condição juvenil. Esperam-se, então, certos modos de ser ou manifestações dos jovens de forma contínua e estereotipada nas produções sociais em que o jovem está presente, ou mesmo orientando os chamados "programas de inserção da população juvenil nos processos sociais", como colocado na apresentação do Plano Nacional da Juventude.

A forma como se concebe a juventude hoje está, também, vinculada ao chamado período de educação formal e de entrada das pessoas no mundo do trabalho, sendo que as concepções veiculadas em épocas e lugares variados diferem sob o ponto de vista social e epistemológico. Em seu livro *História social da criança e da família*, Philippe Ariès (1981), a partir de uma perspectiva europeia, fala no tema das idades da vida e dos vários nomes usados durante a Idade Média para identificar o período relacionado ao que hoje denominamos, por exemplo, adolescência e juventude. Numa concepção em que os fenômenos da natureza estavam unidos ao sobrenatural num determinismo universal, situava-se dos 14 anos até por volta dos 30 anos a idade da *adolescência* – era assim chamada porque a pessoa já estava grande o suficiente para procriar e, ao mesmo tempo, tinha "os membros moles e aptos a crescerem e a receber força e vigor do calor natural". Depois, vinha a idade que estava "no meio das outras idades", a assim denominada *juventude*, a idade que tinha a "plenitude das forças" e em que, justamente por isso, se podia "ajudar aos outros e a si mesmo" – período que se situava por volta dos 30 até os 50 anos de idade (ARIÈS, 1981, p. 6).

Com a modernidade ocidental, surge, então, uma rígida cronologização do curso da vida individual, com vistas à obtenção de um critério objetivista e naturalista para a determinação da idade de cada indivíduo, o que gerou uma profusão de saberes científicos, jurídicos e, por fim, criminalistas, sobre estágios da vida (GROPPO, 2000). A noção de idade, no entanto, na perspectiva discursiva que empreendemos neste estudo, pode ser tomada como uma marca que nos posiciona no mundo, marcadores identitários que se inscrevem como símbolos culturais que diferenciam, agrupam, classificam e ordenam as pessoas conforme marcas inscritas na cultura – sobretudo, na cultura do corpo, "cujos significados nem são estáveis nem têm a mesma importância ou penetração relativa, combinam-se e recombinam-se permanentemente entre si" (VEIGA-NETO, 2000, p. 215). Com essa noção relativa às idades, questionamos a visão instituída por um pensamento psicológico desenvolvimentista que estabelece características inerentes para cada uma das etapas da vida. Da mesma forma, a constituição e objetivação da vida cronologizada em etapas a serem percorridas é fruto dessa vertente *psi* de cunho evolutivo. Se, por um lado, é na modernidade que se produz a concepção de juventude como a conhecemos hoje, por outro, a própria constituição da sociedade moderna, com instituições como a escola, o Estado, o direito e o trabalho industrial, assentou-se no reconhecimento das faixas etárias e na institucionalização do curso da vida, mostrando-nos um mútuo engendramento de mudanças e institucionalizações na rede social no período moderno, o que se configurou também como um solo fértil para a objetivação das idades (GROPPO, 2000).

Assim, colocam-se as questões: se o discurso veiculado é o de busca da inserção e da participação do jovem nos mais variados segmentos da sociedade, em que condições de emergência esses discursos sobre a juventude se apresentam? Quando o jovem se faz visível e em nome de que essa visibilidade toma seu lugar?

Estaria no fato de se visibilizar mais nas questões juvenis a preocupação em exercer sobre elas um maior controle através de instâncias legitimadas de governo e de mecanismos de vigilância no meio social? Que lugar é este designado à juventude? A visibilização da juventude estaria dotando-a de um espaço próprio, convertendo-se, assim, em um campo de possível intervenção e controle?

O Campo *Psi*: prescrições nas concepções de juventude

A discussão sobre o jovem e a categoria juventude em relação às práticas *psi* remete-nos ao que chamou Foucault (1999) de "corpo político". Ou seja, considerar a inscrição do jovem e a produção de uma concepção sobre juventude é pensar em um "conjunto de elementos materiais e das técnicas que servem de armas, de reforço, de vias de comunicação e de pontos de apoio para as relações de poder e de saber que investem nos corpos humanos e os submetem a uma condição de objetos de saber" (FOUCAULT, 1999, p. 27). Analisar o investimento político-estratégico dos jovens a partir de um campo de saber e de relações de poder é pressupor que existe uma implicação mútua entre "sujeito que conhece, os objetos a conhecer e as modalidades de conhecimentos" e que esses "são outros tantos efeitos dessas implicações fundamentais do poder-saber e de suas transformações históricas" (FOUCAULT, 1999, p. 29). É nesses termos que discutimos a implicação das práticas psicológicas como ferramentas conceituais e de intervenção no investimento e disciplinarização sobre os corpos jovens na perspectiva de que estes se tornem adultos bem-adaptados, sadios e integrados à ordem social.

É nesse percurso que o instrumental da Psicologia foi e é de grande valia para o esquadrinhamento e classificação de condutas dos jovens. A psicologia, "como um corpo de discursos e práticas profissionais, como uma gama de técnicas e sistemas de julgamento e como um componente de ética, tem uma importância particular em relação aos agenciamentos contemporâneos de subjetivação" (ROSE, 1999, p. 146). Assim, exerce também o papel de definir as características e os critérios balizadores para a classificação da população jovem.

A produção de conhecimento sobre a vida, demarcada, sobretudo, pelas Ciências Naturais, no século XIX, pretendia "desvendar" as leis naturais que regeriam, especialmente, o corpo, a mente e a sociedade. Tal como na prática da biologia evolucionista, emergem práticas psicológicas destinadas ao controle dos sujeitos por meio da disciplina ou pela valorização da busca de um suposto indivíduo autônomo, remetendo-o a uma ordem do natural. Nesse processo, a psicologia duplica conceitos empíricos para legitimar seus próprios conceitos em uma função transcendental, instituindo bases fundamentais para a compreensão da natureza humana e do desenrolar evolutivo das idades – da infância à idade adulta – gerando saberes e práticas em torno desse homem-indivíduo. Cada indivíduo, segundo essa lógica, passaria a ter certeza de que, em determinado momento, o sinal da natureza iria despertar em si transformações biopsicossociais pré-diagnosticadas pelas ciências médicas e psicológicas. É nesse sentido que as disciplinas *psi*, como diz Rose (1999, p. 147), "estabeleceram uma variedade de 'racionalidades práticas', envolvendo-se na multiplicação de novas tecnologias e em sua proliferação ao longo de toda a textura da vida cotidiana: normas e dispositivos de acordo com os quais as capacidades e a conduta dos humanos têm se tornado inteligíveis e julgáveis".

É ancorada, principalmente, nessa lógica desenvolvimentista – que preconiza um progresso contínuo da humanidade no qual o indivíduo, a partir de seus "estágios iniciais", vai se desenvolvendo em etapas predefinidas cada vez mais rumo à maturidade do adulto –, que a psicologia vem prescrevendo e legitimando concepções acerca da juventude, ordenando-a e objetivando-a em uma ordem social em que a juventude seria uma fase de transição entre a infância e a maturidade do período adulto. Foi com a crença na transição dos indivíduos para uma maturidade que as ciências humanas e sociais, do século XIX ao século XX, produziram uma juventude de transição a ser controlada por meio de instituições preocupadas em proteger e diagnosticar os indivíduos considerados ainda não maduros e diagnosticados como portadores de fragilidades, criando-se ainda outras instituições interessadas na possibilidade de intervir na potencialização das capacidades desses indivíduos. É sob essa visão que a juventude passa a ser considerada como um estágio que pode ser perigoso ou frágil, propício para contrair toda espécie de males. Tal concepção contribuiu para a vigilância e regulação social desses indivíduos no período denominado de juventude.

É nesse processo de cerceamento político, moral, policial, empírico e científico do indivíduo, próprio da modernidade, que as ciências médicas e a psicologia buscaram "uma definição exaustiva, detalhada e objetiva das fases de maturação do indivíduo, bem como (propuseram) métodos de acompanhamento apropriados a cada fase dessa evolução do indivíduo à maturidade ou idade adulta" (GROPPO, 2000, p. 59). Dentro desse processo de definição objetiva e naturalizante das pessoas, a categoria juventude passou a carregar em si, do ponto de vista das ciências modernas, a função social de "maturação" do indivíduo, pressupondo a tarefa emergente de socialização desse jovem, com vistas a torná-lo um "indivíduo autêntico e integrado à sociedade moderna" (GROPPO, 2000, p. 60).

Grande parte dos estudos desenvolvidos com relação à juventude entende essa categoria pela marca da transitoriedade, como uma fase da vida que se encontra entre a chamada dependência infantil e a propagada autonomia adulta, um período de pura mudança e de inquietude (LEVI & SCHMITT, 1996; MULLER, 2005), fundamentado em uma concepção adultocentrista. Essa transitoriedade implica a consideração do estado adulto como aquele definitivo, estável, em contraponto ao instável, inscrito na juventude. Nesse mesmo sentido, a estabilidade colada ao sujeito adulto denota, por contraposição, uma instabilidade aos outros momentos da vida humana. Essa visão acarreta, em muitas leituras, um conjunto de responsabilidades inerentes ao mundo do adulto, concepção que vem avalizar boa parte de estudos realizados sobre a juventude como descrito pelos autores Pais (1993) e Novaes e Vannuchi (2004) assim como na situação apontada por Muller (2005) em que se atrelam os jovens à moratória social – um tempo de espera em que o jovem se prepara para assumir as responsabilidades do mundo dos adultos. Vincula-se a concepção de moratória social com aquela em que os jovens estariam num período em que teriam um tempo autorizado para fazer coisas não toleradas quando feitas pelos adultos. Dessa forma, define-se a juventude por elementos que, de forma naturalizada, são tidos como constituintes da vida juvenil e que não são tolerados na vida adulta. Constituir família, entrar no mercado de trabalho e ter autonomia com relação ao pai e à mãe são passos hegemonicamente reconhecidos como sendo aqueles com os quais o jovem passa a ser adulto.

Assim, a concepção de juventude como sendo um período marcado por instabilidades e impulsividades, entendidas como naturais, demandou todo o cuidado e atenção na vigilância desse "período transitório", pois se, de alguma forma, essas marcas permanecessem, seriam sinal de imaturidade de um processo vital que, escapando ao tempo previsto, representaria riscos para aquilo que deve ser a finitude do humano. Como invenção do pensamento moderno, a finitude humana é aquilo que possibilita esclarecer o seu aparecimento, sua constituição e os movimentos presentes para visibilizar momentos futuros. Esse controle sobre a natureza humana coloca-a na ordem do pensável para diferentes campos do conhecimento. Porém, para a Psicologia, esta concepção se configurará no ponto de apoio para os diversos diagnósticos que elencarão as constantes e renováveis patologias e para a divulgação de um arcabouço de padrões de normalidade (HÜNING & GUARESCHI, 2005). Assim, a emergência de um discurso de valorização da juventude por parte das instituições públicas ou privadas, legitimadoras e reguladoras dos modos de ser e viver dos jovens na sociedade, remete-nos às produções das práticas sociais e institucionais também impostas pela ordem dos processos econômicos, culturais e políticos que vêm sendo construídos em diferentes momentos históricos.

A inscrição do jovem no contemporâneo: de sujeito problema a sujeito consumidor

Se a modernidade propiciou uma concepção relativa à juventude como uma fase de transição, composta por um conjunto de etapas normatizadoras que conduziriam progressivamente em direção ao mundo adulto em uma sequência linear em que a sucessão e a ordem das etapas a serem percorridas estariam ligadas à certeza do projeto dessa modernidade, no contemporâneo, a possibilidade de entender a juventude como um encadeamento contínuo e necessário em relação às experiências dos jovens, articulando-as às exigências do mundo das instituições sociais e políticas, dissolve-se perante as transformações e mudanças ocorridas neste tempo. A primeira dessas transformações é a própria impossibilidade de se ter continuidade e certeza sobre a noção de tempo e espaço gerando ao mesmo tempo diferentes experiências espaço-temporais.

A modernidade entende as experiências concretas e imediatas como sendo particulares, mas inseridas em espaços gerais, abstratos, infinitos e ideais. O que se pode chamar de lugar é o espaço vivido e definido pelo sensorial, pelo imediato e, ao mesmo tempo, ideal, em contraposição à lógica medieval, em que as práticas diárias dependiam de um espaço físico concreto, em que a dominação dependia da posse de um espaço físico. Segundo Veiga-Neto (2002, p. 169) é "a esse cenário particular, sensorial e imediato do espaço [que] chamamos de *lugar*".

Já na lógica espaço-tempo estabelecida no contemporâneo, importa cada vez mais o produto dessa relação – a velocidade –, que toma a frente nas formas de subjetivação, valorizando sempre mais a mobilidade, a velocidade de acesso a todas as coisas, com efeitos de "hiperconsumo", presente nas práticas econômicas e políticas.

Outra condição nesse mesmo cenário é o que Veiga-Neto (2002) aponta como sendo a volatilidade nas experiências vividas no cotidiano, um estado de sempre mudança sentido na sua inconstância. Bauman (2001) refere-se a um estado de leveza e fluidez em contraponto ao sólido presente numa lógica espacial e temporal com mais durabilidade e com limites bem definidos presentes na modernidade. Com a mobilidade e o volátil demarcando posições no campo subjetivo, o que se mostrava de longo prazo, com grande durabilidade, definitivo, apresenta-se com um caráter cada vez mais transitório, supondo "uma crescente aceleração no ritmo de se relacionar com as coisas e com as pessoas, transformando o cotidiano num caleidoscópio de apelos, exigências e possibilidades" (JOBIM & SOUZA, 2005, p. 101).

Considerando que a noção de juventude vem inscrita em discursos proferidos em cada momento particular da sociedade, que produz modos de ser jovem de acordo com interesses próprios de um momento histórico, o que vemos a partir da metade do século XX, segundo Ribeiro (2004), são jovens sendo disputados por duas forças antagônicas: por um lado, a ideia de revolução, colocando-os no lugar de rebeldia, contestação, desvio à norma, etc.; por outro lado, o campo da publicidade, constituindo a juventude como destinatária por excelência de anúncios e propagandas para um mercado em expansão. Para ilustrar, o autor cita o filme *Made in USA*, de Godard, que chama os jovens parisienses dos anos 1960 de filhos de Marx e da Coca-Cola.

Morin (1997) indica a década de 1960 como um período que se fez marco no aumento dos bens de consumo, da indústria cultural e da valorização social do tempo livre, o que produziu como efeito o investimento na construção e visibilização de novos atores sociais, dentre os quais a juventude. Esta é tomada como alvo e solo fecundo para uma potencial fatia de mercado consumidor, vinculando-se a essa população a ideia de "uso do tempo livre" e de "produtor e consumidor cultural", marcador ainda presente em documentos publicados pela Unesco (2001).

Ribeiro (2004), ao buscar o processo histórico de como a juventude e, por conseguinte, como o ser jovem passa a ser algo valorizado, aponta o período pós-Revolução Francesa como a emergência de uma oposição sentida de forma cada vez mais intensa entre o que se remetia ao novo – naquele momento, o sentido de liberdade, democracia – e o que conotava o antigo, velho – a servidão, a mentira, os privilégios de poucos. Desde então, segundo esse autor, a juventude tem sido um valor importante, ela "passa a ser algo positivo e, mais que isso, prioritário na agenda" (p. 23).

No contexto de Brasil, Kehl (2004, p. 90) diz que o prestígio da juventude é mais recente. Essa autora cita Nelson Rodrigues, a partir de uma crônica escrita sobre a infância deste, em que o dramaturgo relata: "O Brasil de 1920 era uma paisagem de velhos; os moços não tinham função nem destino. A época não suportava a mocidade". Eram tempos em que os jovens buscavam ostentar sinais de seriedade e "respeitabilidade" vinculados aos adultos da época, tais como o uso do bigode, ternos escuros, guarda-chuva, marcadores identitários de determinados homens, os "bem-sucedidos" da primeira metade do século XX. Em tal contexto, "homens e mulheres eram mais valorizados ao ingressar na fase produtiva/reprodutiva da vida do que quando ainda habitavam o limbo entre a infância e a vida adulta chamado de juventude".

Já na segunda metade do século XX, a juventude passa a ser situada nos anos dourados da vida. Se pensarmos nas condições de possibilidade para a visibilidade dos jovens como algo a ser desejado, investido e valorizado, principalmente a partir do pós-guerra, na segunda metade do século XX, podemos apontar o auge do modelo centrado na economia capitalista, florescendo com toda a força a invenção de produtos a serem consumidos e de mercados a serem conquistados, bem como a expansão da indústria cultural – cinema, televisão –, produzindo e capturando sentidos na lógica da economia de mercado. Assim, mesmo com o estigma produzido sobre os jovens como sendo uma geração problemática, a juventude passa a ser investida como um novo e gigantesco mercado para os novos "fetiches da felicidade" – coca-cola, chicletes, discos, cosméticos, carros, etc. Tomando-se a juventude como uma "fatia privilegiada" do mercado consumidor, produz-se como efeito um jovem consumidor – o *teenager* americano –, rapidamente difundido por todo o mundo capitalista ocidental via publicidade e televisão, numa associação com a imagem de "liberdade, busca intermitente de prazeres e novas sensações", oferecendo-se como modelo para todas as classes sociais e faixas etárias da população (RIBEIRO, 2004, p. 24).

É neste sentido que alguns autores ressaltam a ênfase colocada na juventude em tempos atuais, como um vetor de incidência na subjetivação dos sujeitos, abarcando sobretudo a dimensão relacionada ao corpo, concretizando-se no comércio da "juvenilização" – um produto almejado por muitos e balizador de uma estética hegemônica prescrita como modelo ideal (MARGULIS, 2000; MULLER, 2005).

Em análise sobre a produção de uma estética juvenil globalizada a partir do mercado de consumo, Carmem Oliveira (2001, p. 38) aponta o jovem nestes tempos contemporâneos, como aquele sobre o qual vinculou-se a ideia de "máxima potência de afetar e ser afetado", numa referência à obtenção de um prazer mais imediato, mais narcisista e menos utópico daquele experimentado por gerações anteriores. Neste sentido, o mercado midiático se encarregou de transformar a juventude em modelos de consumo, passando de um consumidor preferencial a um agente catalisador e propagador de estilos que fazem proliferar uma estética juvenil entre todas as gerações. Com isto, o mercado encarrega-se de definir e cristalizar grupos de estilos juvenis variados demarcando "a filiação do desejo do consumidor", em diferentes tribos a serem investidas com suas marcas identitárias já capturadas pelo sentido do consumo. É assim que "consumir os produtos ofertados para cada uma dessas tribos passa a ser um modo de existir e de ser notado na vida pública" (OLIVEIRA, 2001, p. 38). Proliferam, assim, os *surfistas*, os *nerds*, os *mauricinhos*, as *patricinhas*, etc. com suas etiquetas visíveis e bem demarcadas tornando-os reconhecidos e pertencentes a uma determinada tribo.

Beatriz Sarlo (1994), ao fazer uma analogia entre a velocidade de circulação na lógica do consumo e o valor simbólico impresso na juventude com relação a um prazer imediato, sempre em busca do novo nos tempos atuais, refere-se ao mercado como o lugar das mercadorias necessariamente serem novas, conotarem o estilo que está na moda. Neste sentido, a autora aponta o mito da "novidade" presente neste modelo, com a renovação incessante de necessidades-mercadorias produzidas pelo mercado capitalista, como um elo articulado à noção de juventude na qual se cola o mito da novidade permanente. Juventude como um valor potencializado na trajetória da existência do homem nesta lógica do imediato, da busca incessante pelo novo e pela novidade para suprir necessidades criadas nesta chamada sociedade do consumo.

Esta lógica descrita acima se articula à noção de transitoriedade citada por Veiga-Neto (2002), neste modo de viver o tempo no contemporâneo, o qual supõe uma crescente aceleração no ritmo de se relacionar com as coisas – e com as pessoas –, e "transformando o cotidiano num caleidoscópio de apelos, exigências e possibilidades" (JOBIM & SOUZA, 2005, p. 101). A esta conformação presente nas relações atuais, desponta com vigor o caráter efêmero e mutante do que vem a ser consumido, sejam coisas, ideias, "atitudes" ou comportamentos, entrecruzados com o mesmo vigor que se desenvolvem as tecnologias que operam na produção e sustentação deste cenário atual.

Numa perspectiva foucaultiana, o tempo se insere na discussão das técnicas criadas na chamada sociedade de controle como um elemento a ser controlado para o funcionamento dos mecanismos inerentes a um modelo de produção da subjetividade ou constituição dos sujeitos desta sociedade, numa determinada direção. Em um de seus textos, Foucault aponta o modelo de mercado presente no capitalismo como pano de fundo para o controle do tempo. Ali ele diz que "é preciso que o tempo dos homens seja colocado no mercado, oferecido aos que o querem comprar, e comprá-lo em troca de um salário; e é preciso, por outro lado, que este tempo dos homens seja transformado em tempo de trabalho" (FOUCAULT, 1996, p. 116). Neste sentido, é que se controla, se vigia e se demarca o tempo das pessoas nos mais diferentes espaços e momentos de suas vidas. Podemos pensar também num tempo capturado por um modelo de mercado que totaliza as mais diversas faces da existência humana em modelos hegemônicos a serem ofertados num grande mercado de consumo.

É no sentido dessa captura de novos "nichos de mercado" a serem conquistados que Bauman (2004, p. 88) se refere aos "mercados modernos", em uma analogia aos Estados modernos que, "ocupados em ordenar e classificar, não podiam suportar a existência de 'homens desgovernados' e [...] ávidos por territórios, não podiam suportar a existência de terras 'de ninguém'"; da mesma forma, "os mercados modernos não toleram bem a 'economia de não mercado': o tipo de vida que reproduz a si mesma sem que o dinheiro troque de mãos".

Institui-se, assim, um modo de vida em que usar e descartar em seguida, a fim de abrir espaço para outros bens e usos, dita funcionamentos em que a leveza, a velocidade e o imediatismo pautam a existência humana, modos constituintes no campo subjetivo. Se, por um lado, instauram-se os "incluídos" na sociedade de consumo, no dizer de Bauman (2004, p. 68), "aqueles que não precisam se agarrar aos bens por muito tempo, e decerto não por tempo suficiente para permitir que o tédio se instale, os chamados bem-sucedidos, por outro, se institui os excluídos, os consumidores falhos, os inadequados, os incompetentes, os fracassados". Nesse aspecto, podemos ver como um alerta a implicação das práticas *psi* tradicionais no controle e ordenação do mundo, mundo este onde se inscreve a sociedade do consumo ao prescrever modos de existência "adequados" a esta ordem, "ao dar especial atenção àqueles que devem ser incluídos nos sistemas normativos e normalizadores dessa sociedade" (HÜNING & GUARESCHI, 2005, p. 116).

Uma categoria de juventude a ser pensada...

Assim, se o social se vale da demarcação binária entre incluídos/excluídos, que grupo social vem ecoando insistentemente nos discursos sociais de inclusão social e inserção no mercado? Que novo nicho a ser conquistado estaria ainda além-fronteiras da regulação de mercado nas últimas décadas? É pensando na tradução da categoria juventude como aquilo que busca o novo de modo incessante, sendo isso o que a faz visível e valorizada, tornando-a um campo desejável de investimento para produções de subjetividade, que se procura uma possibilidade de olhar a juventude de uma forma diferente e ao mesmo tempo deslocada daquela que impõe as relações de força e de poder dos movimentos midiáticos e conformistas da sociedade.

Numa direção inversa ao novo que se institui como força motriz nesta sociedade do consumo, encontra-se a concepção de novidade para Hannah Arendt (2001). A novidade, segundo a autora, está inscrita nos espaços de tensionamento entre o público e o privado. É no espaço público, no entanto, que o lugar da novidade se instaura, no campo em que se dá a condição para a ação humana, atividade esta que ocorre através do discurso, na singularidade da produção humana e também em uma condição de pluralidade. Para essa autora, é no público que a ação humana é investida de um caráter político por produzir efeitos, estar em relações de poder e ter uma dimensão ética.

Em contraponto ao público, no espaço privado, é excluída a possibilidade dessa ação humana. Esse espaço representa a privação do humano e a não condição do seu aparecimento na pluralidade, ao mesmo tempo, o não ser singular entre os outros. É onde o homem se comporta e se regula conforme um interesse comum e uma opinião unânime presente no espaço doméstico. No espaço privado não há lugar para o inusitado, o imprevisto, o desconforme. Com a assunção do modelo doméstico na esfera pública, Arendt (2001) aponta a substituição, em nossa sociedade, da ação pelo comportamento na forma de relação entre os homens, fazendo com que se espere de cada um dos humanos certo tipo de comportamento, com inúmeras e variadas regras, mas todas tendentes a normalizá-los. É nesta ordem, a dos sujeitos privatizados, que podemos situar os mandatos de consumo, de velocidade, descartabilidade presentes no contemporâneo como os destituidores do caráter político da ação humana e da afirmação no espaço público do que é singular, em troca da homogeneização e da normatização.

Então, se o espaço público é também espaço político, deve ser pensado como ação, como acontecimento, como irrupção, como uma interrupção de todos os processos automatizados e totalizantes. E é aí, então, que pode emergir uma concepção de juventude com a novidade como possibilidade do improvável e da surpresa. A questão que se coloca é: se, com a ampliação da esfera privada na sociedade contemporânea e a descrença no espaço público, do poder político, que efeitos estão sendo produzidos na população juvenil e nos modos de ela agir em relação ao novo? Se o lugar que a juventude ocupa no discurso político, acadêmico e social é, paradoxalmente, o das crises, dos excessos, dos conflitos e das explosões – lugar reforçado ao longo dos anos pelas ciências, com a juventude sendo foco e germinação de problemas sociais –, mas também é o foco de investimento de mercado que a produz como objeto e sujeito do consumo, não estaria aí também o contraponto, ou seja, o lugar da novidade como possibilidade de um solo fértil para o surgimento de algo novo que gere mudanças no campo social?

Ao conformar os excessos juvenis a uma regulação social, a uma norma instituída, a um comportamento esperado no espaço público, e ao se avaliarem os jovens com o potencial extraordinário de produtores e consumidores no mercado capitalista, não se estaria também retirando a possibilidade da existência de algo que inova, que inventa, que excede e que irrompe nos modos de ser juvenil, para além da conformidade social, impossibilitando-se, assim, que se instaure a novidade? Ao aproveitar-se a oportunidade que a novidade dispõe, seria possível utilizá-la como estratégia para pensar a imprevisibilidade em uma chance de vida para transformar a opacidade do futuro em ações presentes, intensas e finitas. Ou a ideia de finitude do conhecimento moderno, que coloca a natureza humana na ordem do previsível, poderia ser transposta para uma ideia de tempo futuro não dissociada do tempo presente, do indeterminado, da pulverização de experiências e da possibilidade de exploração do provisório como forma de emergir e potencializar a novidade.

Diante disso, cabe-nos, de início, colocar em questão as práticas psicológicas que instituem e legitimam modos de ser juvenil por meio de procedimentos e técnicas ancoradas em um discurso científico sobre a interioridade do indivíduo psicológico e de caracterizações naturalizadas na perspectiva de um sujeito normal, adaptado e governável. Problematizar concepções de juventude fundamentadas em definições e caracterizações atreladas a uma etapa universal, natural e homogênea para todos impõe a necessidade de uma postura crítica às reificações totalizantes produzidas no campo *psi*.

Referências

ABRAMO, H.W. (1997). Considerações sobre a tematização social da juventude no Brasil. **Revista Brasileira de Educação**, vol. 5/6, p. 25-36. São Paulo.

ARIÈS, P. (1981). **História social da criança e da família**. 2. ed. Rio de Janeiro: LTC.

BAREMBLITT, G. (1998). **Compêndio de análise institucional e outras correntes**: teoria e prática. 4. ed. Rio de Janeiro: Rosa dos Tempos.

BAUMAN, Z. (2004). **Amor líquido**: sobre a fragilidade dos laços humanos. Rio de Janeiro: Zahar.

_____ (2001). **Modernidade líquida**. Rio de Janeiro: Zahar.

_____ (1999). **Globalização**: as consequências humanas. Rio de Janeiro: Zahar.

CASTRO, M.G. et al. (2001). Cultivando vida, desarmando violências – Experiências em educação, cultura, lazer, esporte e cidadania com jovens em situações de pobreza. Brasília: Unesco/Brasil Telecom/Fundação W.K. Kellogg/BID [http://www.unesco.org.br/publicacoes/livros/cultivando/mostra_documento].

FOUCAULT, M. (2002). **A ordem do discurso**. 8. ed. São Paulo: Loyola.

_____ (1999). **Vigiar e Punir** – História da violência nas prisões. 21. ed. Petrópolis: Vozes.

_____ (1996). **A verdade e as formas jurídicas**. Rio de Janeiro: Nau.

_____ (1988). **História da sexualidade** – I: A vontade de saber. 15. ed. Rio de Janeiro: Graal.

GONÇALVES, H.S. (2005). Juventude brasileira, entre a tradição e a modernidade. **Tempo Social**, vol. 17, n. 2, p. 207-219. São Paulo.

GROPPO, L.A. (2000). **Juventude** – Ensaios sobre sociologia e história das juventudes modernas. Rio de Janeiro: Difel.

HÜNING, S.M. & GUARESCHI, N.M.F. (2005). Efeito Foucault: desacomodar a psicologia. In: GUARESCHI, N.M.F. & HÜNING, S.M. (orgs.). **Foucault e a psicologia**. Porto Alegre: Abrapso Sul.

IBASE/POLIS (2006). Diálogo nacional para uma política pública de juventude. In: **Juventude brasileira e democracia: participação, esforços e políticas públicas**. Rio de Janeiro/São Paulo/Ibase/Polis [Pesquisa – http://www.ibase.br e http://www.polis.org.br].

KEHL, M.R. (2004). A juventude como sintoma da cultura. In: NOVAES, R. & VANNUCHI, P. (orgs.). **Juventude e sociedade**: trabalho, educação, cultura e participação. São Paulo: Fundação Perseu Abramo/Instituto Cidadania.

LEVI, G. & SCHMITT, J.C. (orgs.) (1996). **História dos jovens** – Vol. 1: Da Antiguidade à Era Moderna. São Paulo: Companhia das Letras.

MARGULIS, M. (2000). **La juventud es más que una palabra**. Buenos Aires: Biblos.

MORIN, E. (1997). **Cultura de massas no século XX**: o espírito do tempo – 1: Neurose. 9. ed. Rio de Janeiro: Forense Universitária.

MULLER, E. (2005). "As palavras nunca voltam vazias": reflexões sobre classificações etárias. In: ALVIM, R.; QUEIROZ, T. & FERREIRA JR., E. (orgs.). **Jovens & Juventudes**. João Pessoa: Ed. Universitária/PPGS/UFPB.

NOVAES, R. & VANNUCHI, P. (2004). Apresentação. In: NOVAES, R. & VANNUCHI, P. (orgz.). **Juventude e sociedade**: trabalho, educação, cultura e participação. São Paulo: Fundação Perseu Abramo/Instituto Cidadania.

PAIS, J.M. (1996). **Culturas juvenis**. Lisboa: Casa da Moeda.

QUIROGA, A.M. (2005). Prefácio. In: ALVIM, R.; QUEIROZ, T. & FERREIRA JR., E. (org.). **Jovens & Juventudes**. João Pessoa: Ed. Universitária/PPGS/UFPB.

RIBEIRO, R.J. (2004). Política e juventude: o que fica da energia. In: NOVAES, R. & VANNUCHI, P. (org.). **Juventude e sociedade**: trabalho, educação, cultura e participação. São Paulo: Fundação Perseu Abramo/Instituto Cidadania.

ROSE, N. (1999). Inventando nossos eus. In: SILVA, T.T. (org.). **Nunca fomos humanos** – Nos rastros do sujeito. Belo Horizonte: Autêntica.

SEMERARO, G. (1994). **A primavera dos anos 60**: a geração de Betinho. São Paulo/Rio de Janeiro: Loyola/Centro João XXIII.

SOUZA, M.A. (2005). A juventude no plural – Anotações sobre a emergência da juventude. In: ALVIM, R.; QUEIROZ, T. & FERREIRA JR., E. (org.). **Jovens & Juventudes**. João Pessoa: Ed. Universitária/PPGS/UFPB.

SPOSITO, M.P. & CARRANO, P.C.R. (2003). Juventude e políticas públicas no Brasil. **Revista Brasileira de Educação**, vol. 24, p. 16-39. São Paulo.

UNESCO (2006). **Cotidiano das escolas**: entre violências. Brasília: Autor/Ministério da Educação/Secad.

_____ (2004). **Políticas públicas de/para/com juventudes**. Brasília: Autor.

VEIGA-NETO, A. (2002). De geometria, currículo e diferenças. **Educação & Sociedade**, vol. 23, n. 79, p. 163-186. Campinas [http://www.scielo.br/scielo].

_____ (2000). As idades do corpo: (material)idades, (divers)idades, (corporal)idades, (ident)idades... In: AZEVEDO, J.C.; GENTILI, P.; KRUG, A. & SIMON, C. (orgs.). **Utopia e democracia na educação cidadã**. Porto Alegre: Ed. da Universidade/UFRGS/Smed.

WAISELFISZ, J.J. (1998). **Mapa da violência**: os jovens do Brasil. Brasília: Unesco/Instituto Airton Senna.

7
PSICANÁLISE E ASSISTÊNCIA SOCIAL

Maria de Lourdes Duque-Estrada Scarparo
Maria Cristina Poli

Este capítulo pretende discutir as contribuições da psicanálise no âmbito da assistência social. Utilizamos, para tanto, recortes da história da psicanálise e da assistência social para identificar algumas posições discursivas que encontramos presentes em suas concepções. Recortamos a noção de escuta colocada em relação a estes campos para contrapor à burocratização do atendimento. Esperamos abrir a discussão sobre as interfaces interdisciplinares e suas implicações nas práticas destes profissionais.

Os caminhos da psicanálise*

Quais os caminhos da psicanálise na assistência social? Encontramos, já em 1918, uma conferência de Freud, intitulada "Caminhos da terapêutica psicanalítica", que coloca de iníício a observação de que os psicanalistas não tinham a pretensão de haver alcançado um saber concluído, a definição da capacidade ou limites de sua prática. Estavam, antes, prontos a reconhecer as imperfeições do seu saber e introduzir modificações no método que pudessem resultar em seu progresso.

É interessante considerar que o contexto dessa comunicação de Freud (setembro de 1918) coincide com o final da Primeira Guerra Mundial. Junto com a derrota da Tríplice Aliança, desmoronava a Monarquia Austro-Húngara. Em outubro de 1918, assumia um novo governo que declarou a Hungria como república independente e democrática. Nesse pós-guerra, marcado por perdas e em momento de reconstrução, Freud faz esse pronuncia-

---

* Uma versão deste capítulo está publicada como artigo na *Revista Barbarói*, n. 28, ano 2008/1.

mento no V Congresso Psicanalítico de Budapeste, no qual podemos ler a seguinte colocação:

> Agora que nos reunimos uma vez mais, após os longos e difíceis anos que atravessamos, sinto-me impelido a rever a posição do nosso procedimento terapêutico – ao qual, na verdade, devemos o nosso lugar na sociedade humana – e a assumir uma visão geral das novas direções em que se pode desenvolver (FREUD [1918], p. 173).

Freud salienta que o psicanalista não deve pretender transformar alguém que venha em busca de auxílio ao seu sofrimento, impondo-lhe seus próprios ideais ou decidindo por ele seu destino. Mas considera que, em situações de muito desamparo, pode ser preciso uma associação da atividade analítica com a educativa, ainda que com a máxima prudência, procurando desenvolver e dar sustentação para o paciente e não assemelhá-lo ao analista. Nesta direção, o autor faz considerações sobre o que chamou de "uma modalidade ativa do método". Como exemplo, refere as fobias graves, como a agorafobia, nas quais é necessário que a pessoa possa estar em circulação para trazer o material à análise.

A responsabilidade do Estado, no oferecimento do acesso público ao trabalho analítico, é também mencionada por Freud:

> [...] é possível prever que, mais cedo ou mais tarde, a consciência da sociedade despertará, e lembrar-se-á de que o pobre tem exatamente tanto direito a uma assistência à sua mente, quando o tem, agora, à ajuda oferecida pela cirurgia, e de que as neuroses ameaçam a saúde pública não menos do que a tuberculose [...] Tais tratamentos serão gratuitos. Pode ser que passe um longo tempo antes que o Estado chegue a compreender como são urgentes esses deveres. [...] (FREUD [1918], p. 173, vol. XVII).

De fato, longo tempo se passou e esta consciência ainda precisa ser despertada. Diferente da medicalização dos sintomas psíquicos, tão habitual nos dias atuais, a proposta de trabalho que Freud nos legou implica o resgate do valor da fala do sujeito. Trata-se de uma aposta, que ele apresenta como desafio:

> Apresentar-se-nos-á então a tarefa de adaptar nossa técnica às novas condições. [...] teremos de procurar a expressão mais simples e compreensível de nossas teorias. [...] a vida pesada que os espera (os mais pobres) não lhes oferece atrativo algum e a doença confere-lhes um direito a mais à assistência social. É provável que somente consigamos obter algum resultado quando pudermos unir ao socorro psíquico um auxílio material. [...] Mas, quais-

quer que sejam a estrutura e a composição desta psicoterapia para o povo, seus elementos mais importantes e eficazes continuarão sendo os tirados da psicanálise propriamente dita, rigorosa e isenta de toda ideia tendenciosa (p. 312).

Desde essas colocações iniciais de Freud aos nossos dias, há uma longa história da contribuição da psicanálise no âmbito das instituições públicas. Data da década de 1940, o início dos trabalhos de psicanalistas franceses como Françoise Dolto (1990; 1998), Jenny Aubry (2004) e Rosine Lefort (1984), na Assistência Social à Infância em instituições de acolhimento, inicialmente dirigido a crianças e posteriormente ao atendimento familiar.

Esses trabalhos foram fortemente influenciados pelo pensamento de Jacques Lacan que, desde seus primeiros trabalhos (LACAN, 1938; 1949), teve como marco de suas contribuições a consideração das condições sociais e culturais na constituição do sujeito. Ao seu lado, Françoise Dolto que, em 1939, publica sua tese "Psicanálise e pediatria". Os efeitos desse trabalho se fazem sentir até meados da década de 1980, quando a assistência social francesa faz numerosas reformulações nos serviços. A Fundação *Parent de Rosan*, primeiramente um orfanato, depois uma espécie de abrigo da Assistência Pública e por fim um berçário da Assistência Social à Infância para crianças colocadas em famílias de acolhimento foi um dos locais nos quais Dolto prestava atendimento, supervisão e ensino.

A década de 1980 foi profícua no sentido da produção da pesquisa psicanalítica e também pelo trabalho de equipe sobre dados históricos, sociológicos, etnográficos, literários e científicos colhidos na França e no exterior sobre o lugar da criança na sociedade (DOLTO, 2005). Curiosamente, um dos marcos apontados pela psicanalista na reviravolta no discurso literário sobre a criança é o romance autobiográfico do brasileiro José Mauro de Vasconcelos (1920-1984), "Meu pé de laranja-lima" (1968), por seu valor de testemunho na reconstrução e recriação da subjetividade da infância pela arte literária (DOLTO, 2005, p. 35).

Também, a evolução dos estatutos jurídicos e das práticas de atendimento teve a influência das ideias e dos efeitos do trabalho de Dolto (1990), prestando uma contribuição histórica à Convenção dos Direitos da Criança da ONU em 1989. Não é sem importância lembrar que é esta convenção que embasou as principais diretrizes do Estatuto da Criança e do Adolescente – ECA, no Brasil.

Na psicanálise inglesa, igualmente, encontram-se importantes contribuições para a assistência social. John Bowlby (1988) e Donald Winnicott são seus principais expoentes. Este último trabalhou diretamente nos programas de evacuação e nos lares acolhedores no contexto da Segunda Guerra. Winnicott (1987) desenvolveu atendimento ambulatorial em hospitais e clínicas, com extensa equipe interdisciplinar e, na perspectiva interinstitucional, com escolas formais e especiais. Aprofundou a temática das relações familiares e saúde mental nos aspectos do desenvolvimento e a constituição dos processos de socialização em sua estreita relação com os estados de privação e delinquência (WINNICOTT, 1987). Destacaríamos sua leitura sobre os efeitos na criança da privação de um "quadro de referência" familiar. Para Winnicott, em tal privação não está implicada, necessariamente, uma ausência da família, como na orfandade, e sim uma situação de abandono ou desamparo. A ausência de um "quadro de referência familiar" refere-se, então, às situações em que:

> os pais, por uma série de circunstâncias sociais, políticas, econômicas, não tiveram ou não têm a condição psicológica de assumir a sua função parental diante do filho. Por "quadro de referência" o autor entende a condição da família de servir de espaço e de suporte para que a criança possa experienciar seus impulsos e limites (POLI, 2005, p. 185).

No Brasil, as pesquisas sobre a prática profissional dos psicanalistas nas políticas públicas ainda são recentes (ALBERTI, 2000; FIGUEIREDO, 1997). Contudo, percebe-se que as práticas que tomam o corpo teórico e metodológico da psicanálise como referência no campo da assistência social no Brasil já têm história. Cabe salientar o trabalho pioneiro de Isabel Kahn Marin, na Febem, a partir de 1987, anteriormente à Constituição e ao ECA, propondo reformulações nas concepções de institucionalização, com a humanização do sistema de abrigos, apontando para o atendimento às famílias e a contribuição da psicanálise na clínica e na instituição de abrigagem (MARIN, 1999).

É relevante salientarmos o trabalho de Tânia Ferreira que aprofundou questões teóricas sobre o percurso de trabalho de vários anos que perpassa desde a instituição total, como os internatos, aos programas de assistência social na rua pela ótica da psicanálise. Transitou pelas questões institucionais de formulação de políticas públicas, seus serviços, bem como fez uma escuta dos sujeitos implicados. O seu livro *Os meninos e a rua: uma interpelação à psicanálise"* (FERREIRA, 2001) relata o trabalho com os chamados "irrisidentes" da Febem, crianças e adolescentes em situação de rua, com inúmeras passagens institucionais sem permanência.

Neste trabalho, Ferreira (2001, p. 108) faz uma crítica às políticas compensatórias como reafirmadoras da condição de exclusão[1]. Ela contrapõe à ideia corrente de ser impensável uma clínica na rua com um menino "irresistente", a possibilidade de um trabalho sustentado na ética da psicanálise. O primeiro passo seria manter permanente a interrogação sobre o que entendemos como "clínica". Segundo a autora, uma clínica ampliada não se restringe àquilo que chega até nós pelo sujeito, em seu texto, como sintoma, mas também como o impossível de suportar pelo "mal-estar" na cultura, como Freud formulou. Citando Lacan quando este afirma que "a clínica é o real enquanto impossível de suportar", Ferreira propõe, como uma questão para se seguir trabalhando, a relação de lugares públicos e instituições com o discurso do insuportável no social.

Também nas produções de psicanalistas lacanianos brasileiros, ligados à universidade e às práticas de pesquisa, encontramos importantes contribuições nessa interface da psicanálise com a assistência social. Seguindo os caminhos indicados por Freud, que mencionamos acima, Elia (2000) aborda a psicanálise em sua extensão social, referindo-se criticamente à ortodoxia do consultório particular como lugar privilegiado da psicanálise. Ao longo da história, a concepção de *setting* analítico limitou à prática da psicanálise ao mobiliário da sala e sua disposição.

Elia considera que esta concepção de *setting* analítico não é inocente e tem suas consequências, como a elitização da psicanálise na restrição a determinadas camadas da população. O autor indica que os princípios teórico-clínicos e éticos da psicanálise foram, em alguns momentos, confundidos com uma exigência das ditas condições "técnicas". Tratava-se de estabelecer "pré-requi-

---

[1]. A relevância do trabalho de Ferreira é também no sentido da territorialidade. Belo Horizonte foi e ainda é modelo de gestão da assistência social em nível nacional, influenciando fortemente o início do trabalho de Porto Alegre, em especial no sentido dos programas de atendimento e, ao lado de Campinas, no sentido dos programas de renda mínima. Os trabalhos de colegas mineiros também resultaram na "Carta de Belo Horizonte", marco da luta pela desinstitucionalização, proferida no III Encontro Nacional da Luta Antimanicomial realizado em Porto Alegre em 1997 (BRITO, 2004).

sitos socioeconômicos, políticos e ideológicos", "critérios de encaminhamento e chegada ao consultório que dependem de um determinado código de classe", "chegando até a exigências do tipo nível intelectual, código linguístico e outros, que se reduzem a meros critérios de inclusão e exclusão social e econômica" (p. 26). Percebe-se, assim, o grau de deformação que reduz o rigor exigido da prática da psicanálise a estes critérios ideológicos. Segundo as palavras do autor:

> [...] os impasses que marcaram a extensão social da psicanálise – a extensão do dispositivo analítico a configurações sociais e institucionais mais amplas e diferenciadas do consultório particular – persistem porque os analistas aderem a uma configuração do dispositivo analítico decorrente de um processo de imaginarização das condições de análise, processo este que é sobredeterminado, resultado de fatores teórico-clínicos, mas também ético–metodológicos e relacionados no mais alto grau a uma ideologização da prática psicanalítica a partir de sua inserção no sistema capitalista (ELIA, 2000, p. 32).

São muitos os autores que vêm colocando questões sobre a psicanálise em extensão ou intenção e da "clínica ampliada" (GUERRA, 2003). Foge aos propósitos desse trabalho percorrer esse debate. Destacaríamos ainda os trabalhos produzidos na interface psicanálise e saúde mental referenciando-se aos serviços de saúde pública e discutindo os novos modelos de atenção psicossocial (FIGUEIREDO, 1997; RINALDI, 2001; FERNÁNDEZ, 2001; GUERRA & LIMA, 2003; FERREIRA, 2004; ALBERTI & FIGUEIREDO, 2006). Tais abordagens e interfaces já não são mais tabus, e sim um ponto de discussão e aprofundamento das questões com as quais a psicanálise se depara fora do *setting* tradicional como questões institucionais, interdisciplinares e atravessamentos diversos.

Política pública de assistência social

O outro termo em questão no título desse trabalho também merece um percorrido histórico. Isso porque a "assistência social" é uma das políticas públicas mais recentes no Brasil. Ainda que tenha sido instituída pela Constituição de 1988, só foi regulamentada em 1993 pela Lei Orgânica da Assistência Social (Loas). No artigo primeiro desta Lei, ela é definida como "direito do cidadão e dever do Estado, é Política de Seguridade Social não contributiva, que provê os mínimos sociais, [...] para garantir o atendimento às necessidades básicas" (BRASIL, 1993).

Frequentemente percebe-se certa confusão da política pública com a figura do profissional, "assistente social", que se graduou no curso de Serviço Social. Podemos supor que isso se dê um tanto pela semelhança da denominação, mas possivelmente também pela relação particular que este campo tem com o exercício de sua prática.

Os cursos de Serviço Social surgiram na década de 1940 ligados a instituições religiosas e do Estado, e trazem consigo uma trajetória para deslocar o âmbito caritativo/assistencialista para o da compreensão de proteção e direito social. A profissão só foi regulamentada em 1993, e as diretrizes do currículo mínimo aprovadas em 1996. Iamamoto (1994) expressa assim os deslocamentos na concepção de Serviço Social:

> [...] cresce no universo cultural do pensamento humanista-cristão e, mais tarde, vai se secularizar e se modernizar nos quadros do pensamento conservador europeu – do anticapitalismo romântico, que tende a ler a sociedade como uma grande comunidade, em que as classes sociais desaparecem da análise – privilegiando-se a ótica da harmonia, da solidariedade no ordenamento das relações sociais. Mais tarde, incorporamos a herança das ciências humanas e sociais, especialmente na sua vertente empiricista norte-americana. A essas fontes de inspiração intelectual alia-se, na década de 1970, no auge do movimento de reconceituação, o estruturalismo haurido em Althusser, entre outros, e também o marxismo vulgar, que vêm temperar uma análise de cunho marcadamente positivista e empiricista da *sociedade, mas acalentada por um discurso dito marxista, aparentemente progressista e radical* (IAMAMOTO, 1994, p. 174-175)

Essa trajetória também faz parte do contexto histórico da assistência no Brasil. Não pretendemos aprofundar sobre o tema; muitos autores já o fizeram com êxito[2]. Vamos utilizar apenas alguns recortes, com o objetivo de assinalar algumas implicações atuais dessa história.

---

2. Destacam-se aqui as produções de Aldaíza Sposati, Berenice Rojas Couto, José Paulo Netto, Maria Carmelita Yazbek, Maria do Carmo Brant de Carvalho, Maria Lucia Martinelli, Maria Ozanira da Silva e Silva, Mariangela Belfiore Wanderley, Marlova Jovchelovitch, Potyara Amazoneida Pereira Pereira, Vicente de Paula Faleiros.

O âmbito assistencialista é relacionado ao sentido caritativo religioso por muitos autores (cf. ABONG, 1997). Ao longo da história, a instituição religiosa associou ajuda à benemerência no apelo à benevolência das almas caridosas para com as necessitadas. A palavra caridade provém do latim *charitas,* significando graça e amor. Por seu uso na herança da "virtude", comprada na Idade Média, carrega o sentido de disposição favorável em relação a alguém em situação de inferioridade, como donativo ou ajuda que se dá aos pobres, como esmola ou dízimo obrigatório.

No Brasil, as primeiras obras sociais estão ligadas às casas de beneficência portuguesa que iniciam suas atividades em 1543, espalhando-se por todo o Império. Em 1908, é a chegada do voluntarismo com a Cruz Vermelha. Em 1910, o escotismo, fundado na Inglaterra por Robert Baden-Powell, se estabeleceu aqui, para "ajudar o próximo em toda e qualquer ocasião".

Em 1942, surge a Legião Brasileira de Assistência – LBA, como órgão de colaboração com o Estado para prestação de serviços assistenciais. Objetivava "congregar as organizações de boa vontade" e instituiu a ação social como ato de vontade e não direito de cidadania. (SPOSATI, 2004, p. 20). A LBA tem sua origem marcada com a presença de mulheres e do patriotismo. Novamente, o contexto é da Segunda Grande Guerra, e as ações consistem em auxiliar os pracinhas combatentes ou ex-combatentes da FEB – Força Expedicionária Brasileira, e suas famílias.

A LBA, nos seus estatutos, designava a presidência às primeiras damas da República, o que deu origem à expressão "primeiro-damismo" junto à assistência social (SPOSATI, 2004; COUTO, 2004). Passa a atender também calamidades, mas com ações pontuais, ou seja, distribuição de alimentos, leite em especial, agasalhos e utensílios domésticos ou órteses e próteses. Essas necessidades estão intrinsecamente ligadas ao pós-guerra pelas sequelas de ex-combatentes e das famílias que os perderam e sua ação assistencial será implementada no sentido de dar apoio político ao governo (MESTRINGER, 2001). O nome "legião" carrega o sentido heroico e patriótico de merecedores pela luta em campo e também a "boa-vontade" associada à "boa ação" do escotismo.

Em 1966, durante a ditadura militar, o aumento da pobreza e da miséria torna-se um ponto estratégico para o Estado-Maior que buscará especialistas de diversas áreas para elaboração de programas de governo que deem sustentação ao "milagre brasileiro". Oriundos desta época, o Movimento Brasileiro de Alfabetização – Mobral destinava-se à educação de jovens e adultos como investimento e qualificação da mão de obra para o desenvolvimento econômico. Subsidiou-se no método de Paulo Freire para a sua criação (BELLO, 1993). Porém, diferentemente do que propunha o pensamento desse educador (a construção do conhecimento e reconhecimento do saber através da experiência e reflexão do próprio alfabetizando), o Mobral veio com cartilhas prontas a partir do universo cultural da elite tecnocrata, carregando dos valores "a serem transmitidos" aos ignorantes. O método, distanciado de sua fundamentação, não "liberta pela educação". A ordem era alfabetizar e a disciplina não permitia questionar, servindo para a dominação e o condicionamento individual. Assim, em pleno "Milagre Econômico", as pessoas viviam na miséria e não se rebelavam. A aprendizagem pela repetição disciplinada calou a voz e a ação.

Na Nova República, com a extinção do Ato Institucional n. 5, em 1979, inicia-se a abertura política e, paralelamente, o meio acadêmico, os intelectuais e a esquerda organizada discutem a garantia de direitos humanos, a má distribuição de renda no país, a organização social. Em 1982, o Unicef, com a Secretaria de Assistência Social do Estado – SAS, promove o Projeto Alternativas de Atendimento aos Meninos de Rua. Essa iniciativa reuniu inúmeras instituições de caráter privado, comunitário e religioso, que vinham prestando atendimento à criança e ao adolescente priorizando o meio comunitário, reforço de vínculos familiares e a liberdade, com baixo custo e melhor resultado que as FEBEMS (cf. GONZÁLEZ, 2000; FESC, s.d.[3]).

Um dos principais resultados do projeto foi a articulação entre educadores e lideranças comunitárias e institucionais, além do fortalecimento da organização de movimentos pela defesa da criança e do adolescente. A partir de 1985, forma-se o Fórum Nacional de Defesa dos Direitos da Criança e do Adolescente (Fórum DCA). Reúnem-se, assim, o Movimento Nacional de Meninos e Meninas de Rua – MNMMR, a Confederação Nacional dos Bispos do Brasil – CNBB, a Associação de Fabricantes de Brinquedos, a

---

3. Registros do Encontro de Educadores de Rua com Paulo Freire em São Paulo (outubro de 1985).

ABI (futuramente, Abrinq), entre outros. Este Fórum terá um papel decisivo na mobilização da Comissão Criança e Constituinte influenciando ativamente a Assembleia Nacional Constituinte (PINHEIRO, 2004; GONZÁLEZ, 2000).

O resultado da abertura política e dessa mobilização nacional foi a inclusão, na Constituição Brasileira de 1988, dos direitos da criança e do adolescente, da descentralização do poder com a participação da comunidade e o reconhecimento da assistência social como dever de Estado no campo da seguridade social e não mais política isolada e complementar à Previdência. Em 1989, realiza-se a Convenção dos Direitos da Criança da ONU. Nela é reforçada a garantia de direitos à criança e ao adolescente que terão seus princípios e as diretrizes da política de atendimento regulamentados pelo Estatuto da Criança e do Adolescente – ECA, em 1990.

Também em 1989, realiza-se em Porto Alegre o Primeiro Encontro do "Sexto Lobo – Clínica do Social", organizado pela Clínica de Atendimento Psicológico da UFRGS. Iniciativa de um grupo de psicanalistas preocupado em trabalhar as relações entre psicanálise e cultura, na esteira das contribuições de Freud e Lacan que mencionamos anteriormente. Em uma comunidade analítica bastante marcada pela presença da tradição médica, na qual a clínica tendia a ser concebida em seus moldes clássicos, essa iniciativa teve por efeito abrir o debate sobre a extensão social da psicanálise. Com efeito, tratava-se de afirmar que não existe uma psicanálise do individual e outra aplicada ao social, pois o sintoma é sempre social. "O que se denomina de individual, a singularidade, é sempre o efeito de uma rede discursiva, que é a rede mesma do coletivo" (ARAGÃO et al., 1991).

Andanças pelo social: problematizando a rede

Procuramos demonstrar até agora alguns dos caminhos percorridos pela psicanálise e pela assistência social no sentido de seu entrecruzamento histórico. Mais do que a busca pela exaustividade das referências, interessa-nos destacar contextos políticos e sociais que os determinam mutuamente. As escolhas dos recortes, evidentemente, são sobredeterminadas pelas influências sofridas pelas autoras deste capítulo. É nessa "zona de fronteira" que podemos situar uma escuta do sujeito, orientada pela ética da psicanálise, e que tem no social o seu *locus* de enunciação.

O psicanalista, preso nas redes do social, busca abrir as vias para que um sujeito possa aí advir. Redes de significantes, mas também redes sociais mapeadas e costuradas pela assistência. Deixemo-nos, então, andar um pouco por essas trilhas...

Seu Machado

O colonizador que abria picadas e estradas no século passado conquistava terras e adquiria respeito e reconhecimento inclusive, em muitos casos, inserindo seu nome na história. Hoje não passaria de um andarilho "meio louco" ou mendigo pedinte "maltrapilho". É a historia de quem vamos chamar "Seu" João Machado, há 12 anos em Porto Alegre, veio "do Butiá" para a capital em busca de melhores condições. Os herdeiros do patrão venderam as terras para "os homens do papel" e ele não teve mais trabalho nem onde morar. Era caseiro das terras, "limpava o mato" (desmatava áreas de capão de mata virgem) e cortava toras a machado, para postes ou lenha, habilidade pela qual era reconhecido na região. Tinha uma horta de subsistência e um pomar que também lhe gerava renda por comercialização local.

Não possuía nenhum documento que lhe assegurasse direitos trabalhistas. Nunca precisou, pois o acerto com o patrão era na palavra, que para os dois era questão de honra. O patrão não deixou testamento, foi morte súbita. Na cidade grande não encontrou trabalho. Não se acertou com o cimento utilizado em obras, nem com o ritmo dos descarregadores de caminhão, descobrindo um severo problema na coluna. Não pôde mais sustentar a família e passou ao uso da cachaça diariamente. O pedido de atendimento para a assistente social foi, para ele, inicialmente, uma humilhação. Fazer carteira de identidade para quê? Se ele estava ali dizendo quem era? Foi preciso espaço de trabalho para a narrativa de suas origens, resgate de referências de filiação, a tradição do "Machado Português", que levanta o olhar e a cabeça para desbravar um novo território. Desta vez, o território a desbravar era o da leitura e escrita no Mova (Movimento de Alfabetização), para transitar pelo mundo das letras dos documentos. Hoje, Machado está trabalhando em compostagem, com carteira assinada, decidiu não se aposentar da vida.

A imagem de ajuda assistencialista, comumente evocada, situa a posição de "um que tem condições", ajudando "outro que não tem condições". Essa imagem está associada à "boa ação" e à caridade, e implica, de forma subjacente, uma conformidade do "humilde" que deve agradecer a doação. Tais concepções, mesmo que geralmente veladas, refletem uma naturalização da estrutura social de diferenças de classes e fixidez de lugares, sem nenhum questionamento sobre seu funcionamento, acesso a bens e serviços, distribuição de renda ou valorização do trabalho.

Como o caso de Machado nos demonstra, a função, tanto do assistente social quanto da assistência social, vai muito além da redução, no imaginário social, à concessão de benefícios como cesta básica, vale transporte, vale foto, isenção de taxas de confecção de documentos, encaminhamentos para vagas de emprego, ou aquisição de órteses e próteses. Também não se confunde com a assistência à saúde, ou como um assessório desta, que a história de ações sociais de caráter higienista, no controle das epidemias tende a evocar. Por muitos anos, a organização da administração pública manteve ligadas estas duas políticas públicas (a assistência social e a saúde), inclusive sediadas na mesma secretaria.

Poderíamos fazer uma comparação grosseira associando a saúde ao médico e este a um medicamento. Como se tratar da saúde se resumisse a ir consultar o médico, receber uma receita e usar um fármaco. Um reducionismo da atuação de um profissional a uma técnica, um dos procedimentos possíveis, e um dos instrumentos utilizados quando uma alteração orgânica já está instalada. Sabe-se que algumas medicações são indicadas para alívio dos sintomas, mas não resolvem as causas do padecimento. De forma semelhante, a concessão de benefícios, na Assistência Social, é paliativa, ainda que muitas vezes necessária.

O que é, então, uma política pública de saúde? Embora pareça evidente, vale lembrar que envolve a promoção à saúde. Aponta a necessidade de saneamento básico para a comunidade. Recomenda cuidados com o corpo como higiene, atividade física equilibrada e regular, repouso, nutrição adequada, etc. Trata as alterações do estado de equilíbrio funcional, a chamada "doença" do qual a pessoa está acometida.

Foi, e ainda é, necessário um esforço, na política pública de saúde, para superar a concepção da doença e constituir ações na via da promoção e prevenção. Isso se dá inclusive pela mudança de denominações de setores, por exemplo, de Tuberculose (doença) para Pneumonologia Sanitária, ou Ginecologia e Obstetrícia em Saúde da Mulher. Criaram-se as políticas de Saúde da Criança e do Adolescente, Saúde do Idoso, como ações características de fases diferenciadas da vida. Alguns serviços relatam que a alteração dos nomes das divisões, por patologias como cardiopatia ou obesidade, possibilitou uma vinculação diferenciada, aos jovens que procuram ou são encaminhados ao serviço, com uma mudança de posição da fala fixada na doença para um discurso mais singularizado.

Considerando o exemplo da política de saúde, a mudança de designação de população "carente" para "usuária" da Assistência, teve a intenção de deslocar este sentido arraigado de falta em negativo, de despossuído, que vive da caridade alheia, pede esmolas, da mendicância (do lat. *mendícus*: que tem defeitos físicos, inválido) ligada à suplica, e a humildade à humilhação do "pobre coitado". O rol de termos utilizados para designar um estado de necessidade é vasto, e eloquente se observarmos alguns: indigência (penúria), miséria (desgraça, desventura, infelicidade, vergonhoso, deplorável; indignidade, infâmia, torpeza imperfeição moral; fraqueza, defeito), guardando uma associação com pedinte, preguiçoso, não trabalhador (desqualificado), ocioso, desocupado e vadio. A pobreza e os estados de privação também estão associados de forma direta e generalizada à violência, delinquência, improdutividade.

Note-se ainda que na Previdência o termo "beneficiário" (Benefício de Prestação Continuada – BPC) com sentido de favorecimento, vantagem e tratamento mais adequado e ampliado, vem na contraposição do "encostado" ou inválido. Já o "pensionista" tem um *status* diferenciado, pois contribuiu "a vida toda", o que lhe confere o reconhecimento social de um direito conquistado com esforço. Não cabe aqui fazermos um aprofundamento das raízes da noção de direito, merecimento e reconhecimento pela valorização do trabalho, mas importa a sua menção como divisória de posições distintas, subjacentes inclusive a quem presta o atendimento.

Demonstra-se assim a importância de reafirmar o caráter de política pública da Assistência Social que constitui, juntamente com a Saúde e a Previdência Social, o tripé de base da Seguridade Social (BRASIL, 2004). Se assim definida no texto constitucional, deve-se a um movimento social intenso que a precedeu. Contribuição da ação política de organizações populares, de direitos humanos, de classes profissionais, associações sindicais, entre outras, para o reconhecimento do direito à proteção social pelo Estado como universal, ou seja, a todo o cidadão, independente de contribuição prévia ao sistema de previdência. Bem como a busca da democratização de seu funcionamento com a criação dos conselhos, conferências, comissões e fundos que cumprissem a função de controle social do Estado (CUNHA & CUNHA, 2002).

Movimentos que questionaram a concepção de mínimos sociais e passaram a afirmar as políticas públicas como de garantia de direitos básicos, de bem-estar social. A instituição do Estatuto da Criança e do Adolescente teve também esse objetivo de afirmação de direitos. As denominações de criança e adolescente se contrapõem à definição "de Menor" de idade do antigo Código de Menores, carregado do sentido de "irregularidade", e utilizado acentuadamente para os menores de 18 anos em condições de pobreza, em associação ao infracional do campo jurídico e das normas de "boa" conduta (SILVA, 2004).

O trabalho na assistência social, muito além da utilização de instrumentais de suporte como a documentação legal, o suprimento nutricional, a viabilização do deslocamento ou uma garantia de renda mínima à sobrevivência, objetiva o reconhecimento da pessoa como indivíduo inserido num contexto social. Isso implica considerá-lo nas suas dimensões de respeito à privacidade e à participação na vida pública, integrante de comunidades pela sua identidade e diferenças, a partir de sua história e seus direitos e deveres de cidadania.

O quanto esse "indivíduo" pode ser ainda considerado como "sujeito" – tal como a psicanálise propõe – é algo que se mantém fortemente em questão. A história do "Seu Machado", citada anteriormente, nos auxilia a elucidar esse ponto no qual a possibilidade de reconhecer um sujeito vai além da legitimação de um "indivíduo de direitos". Implica dar lugar a uma via singular àquele que, *assujeitado* à sua história e contexto social, busca encontrar uma via de reconhecimento e expressão de uma palavra própria. Certamente que o trabalho de construção da cidadania visada pela assistência social vai de par com essa proposta ética atinente ao campo da psicanálise. Algumas vezes, no entanto, por incrível que possa parecer – como veremos a seguir –, a burocratização da administração pública coloca o trabalho da construção da "cidadania" e o da "subjetivação" em polos opostos.

Sistematizações

O Sistema Único de Saúde (SUS) foi instituído pela Lei Federal 8.080, de 19/09/1990, há quase 17 anos. Já a Assistência Social só vem ter a regulamentação de suas ações pelo Sistema Único de Assistência Social em 2005. Seu caráter de política pública de garantia de direitos vem sendo reivindicado nestes últimos anos nas Conferências Nacionais de Assistência Social (ABONG, 1997) e reafirmado constantemente como diretriz.

> Aprovada em 2004, a Política Nacional de Assistência Social (Pnas) tem como meta a consolidação do direito à Assistência Social em todo o território nacional. Busca superar o clientelismo e a caridade que marcaram sua trajetória e garantir a efetividade dos direitos universais da Pnas (PAES-SOUSA & VAITSMAN, 2007).

Para a gestão de políticas públicas como a Assistência Social são necessários dados que possam dimensionar a abrangência de uma ação ou da infraestrutura necessária dos serviços e seu financiamento para a operacionalização do planejamento. O grande desafio deste tipo de planejamento está em se tratar da vida de pessoas e, portanto, baseado em dados não objetiváveis, sem perda da singularidade. As generalizações necessárias sempre vão homogeneizar e apagar diferenças importantes. A saída proposta seria, então, a constante reavaliação das ações a partir dos usuários dos programas.

O Ministério do Desenvolvimento Social e Combate à Fome criou, em 2004, uma Secretaria de Avaliação e Gestão da Informação com o objetivo de aproximação do conhecimento da realidade do público destinatário de suas ações. É importante reconhecer a intenção de produzir dados que pudessem melhor subsidiar de forma permanente o planejamento, bem como colaborar com as mudanças necessárias na execução das outras políticas públicas, assumindo como desafio que o sistema de informação criado pudesse integrar os dados com as diversas políticas e setores públicos.

Essa secretaria, de início, levou em consideração a experiência do Sistema Único de Saúde (SUS) que criou seus diversos instrumentos a partir de um funcionamento fragmentado por especialidades, no qual os dados da política da saúde da mulher não se cruzam com os dados da política da criança, assim como os dados da tuberculose não se cruzam os das doenças infecto-contagiosas, por exemplo. A concepção foi da construção de um sistema de informação que pudesse "dialogar" com outros numa base comum e do estudo da adaptação possível dos bancos de dados vigentes nos diversos setores das políticas nos estados e municípios.

Para tanto, convidou representantes administrativos e técnicos da gestão da política de assistência social dos municípios brasileiros para a construção de um sistema de gerenciamento integrado em nível nacional e de facilitação de acesso, dos locais de origem, ao retorno das informações sistematizadas.

À Secretaria de Avaliação e Gestão da Informação – Sagi, do MDS, compete a função de avaliar e monitorar. A Sagi exerce papel importante na geração e disseminação das informações que auxiliam no acompanhamento, na avaliação e no monitoramento das políticas sociais a cargo do Ministério. É também responsável por desenvolver e implementar instrumentos de avaliação e de monitoramento das políticas e programas referentes ao desenvolvimento social e combate à fome, elaborar, propor, coordenar e apoiar a implementação de planos, programas, projetos e ações, além de promover a gestão do conhecimento, o diálogo de políticas e a cooperação técnica em gestão pública de forma articulada com órgãos, entidades, poderes e esferas federativas, incluindo a de outros países (MDS, 2007).

São muitos os textos, desde diretrizes e normativas, estudos e pesquisas, que indicam a necessidade de constante reavaliação das ações em programas e serviços. Porém, quando são citados avaliação e monitoramento da efetividade, entra-se no delicado campo da normalização ou normatização. Está posto como naturalizado, muitas vezes, o que seria esperado como efetividade. As pesquisas tendem a ter forte enfoque quantitativo. Quando qualitativas, por vezes, apresentam-se em instrumentos fechados, com a preocupação da síntese dos resultados.

O Cadastro Único dos Programas Sociais foi criado na lógica da abrangência populacional nacional e da identificação pessoal. Como em países do Primeiro Mundo, ele tem como meta a unificação das informações fragmentadas, através do Número de Identificação Social (NIS, que é o mesmo do PIS/Pasep). Substituiria gradualmente os números de documentos de identidade tal como ocorre hoje com o Cartão de Identificação do Contribuinte (CIC ou Cadastro da Pessoa Física – CPF), mas incluindo toda a população, inclusive as crianças.

Ainda que se leve em conta a intenção de efetividade da administração pública, não podemos deixar de considerar o controle do

Estado sobre o cidadão. Se alguém omite a renda recebida em emprego formal ao realizar o cadastro, na intenção de receber um benefício do governo, o sistema detecta esta omissão e bloqueia a inclusão em programas, através do cruzamento dos dados com o Raiz do CNPJ das empresas que informam os dados pessoais dos trabalhadores para os quais contribuem.

Diante destas transformações dos espaços coletivos e das formas de relações, como preservar referências mais humanas no atendimento? Não há lugar para algumas situações de vida no sistema informatizado do Cadastro Único dos Programas Sociais. Por exemplo, o indicador "mãe" está associado à responsabilidade legal (1 – mãe/responsável legal da família) numa pressuposição de mães mantenedoras da família por conta de alguma pesquisa populacional. Então, se a avó (mãe da mãe) reside no mesmo domicílio e não é a responsável legal da família é preciso marcar "outro" (20 – outro), pois o sistema não aceita duas mães. Ou marcar o indicador avó, o que não corresponde ao parentesco com o "campo um responsável legal – índice de relação de parentalidades", que seria mãe. Também não é possível a indicação de casais homoparentais, por ser outra situação de vida não prevista no sistema.

A informação, assim registrada, passa a ter repercussão na vida da pessoa dependendo da forma como os dados são computados. Por exemplo, no planejamento de um programa habitacional para o município, identifica-se a necessidade de terreno e/ou construção de moradia, as localizações possíveis, até as dimensões da construção necessárias para o número de moradores, bem como a renda familiar para cálculo de participação ou não de retorno ou financiamento. Surge um relato sobre um homem que diz que a sua casa é própria e depois informa ser área verde. Ao ser questionado sobre a propriedade do imóvel, mostrou-se alterado dizendo que foi ele mesmo que construiu sua casa com o suor do seu trabalho (descarregador de caminhão), profundamente ofendido com a dúvida levantada por quem realizava a entrevista de preenchimento do cadastro. A questão da propriedade registrada em cartório é simplesmente desconhecida para muitas pessoas. Se não há ninguém ocupando, não é de ninguém!

As diferenças culturais, de informação, de valores, de códigos de conduta, num mesmo local geográfico, mas com territorializações distintas, têm outras demarcações e seguem lógicas diferentes refletindo contrastes. Seres humanos complexos e diversos inseridos ou isolados em redes sociais igualmente distintas. As tentativas de homogeneização falham porque o ser humano é heterogêneo e se reconhece como tal na sua distinção no encontro com seus outros.

Como equacionar o trabalho nesses contextos? A estratégia de "avestruz", de ignorar a existência e as consequências dos sistemas, não funciona. Seu efeito é de exclusão ao acesso dos bens sociais. Ninguém planeja ou sonha morar na rua. Mas, para alguns é mais insuportável que para outros as regras de convivência de um espaço coletivo como um albergue. Qual o endereço de quem está na rua? O sistema não previu! Coloca o do serviço que o atende na rua. Quem é o responsável legal da criança ou jovem abrigado? Não pode ser o guardião por causa da renda. Novamente, o sistema não previu. Então, coloca-se ele mesmo como responsável por si, para "passar" o cadastro no sistema, que não se altera.

Vamos tomar, ainda como exemplo, o Programa de Erradicação do Trabalho Infantil, no qual é esperado que a criança ou adolescente volte a frequentar a escola e participe das ações socioeducativas no contraturno escolar. Para uma criança que está na rua há algum tempo, a aprendizagem da sobrevivência na rua implica em formas de relacionamento com outras crianças que, diferentes dela, têm sua experiência de vida limitada ao círculo familiar e comunitário, em especial na sua relação com figuras de autoridade. O retorno à escola implica uma difícil adaptação, uma vez que as escolas (de modo geral) não estão preparadas para esse acolhimento singular. Não possuem espaços alternativos para esta reaproximação, ou para diversificar atividades de aprendizagem, e sequer para os alunos já inseridos.

O fato de que uma criança passe a ir à escola alguns dias e frequente o socioeducativo em outros pode ser considerado muito significativo para quem a acompanha. Porém, para o "sistema de acompanhamento" (SAGI – PETI) só cabe como resposta frequente (= ou > 80%) ou infrequente (< 80%), não comportando a vida, nas suas diversas nuances. A saída é burlar o sistema: se não tem 80% de frequência, mas houve avanços no retorno à escolarização, então "clica-se" frequente (assim não perde a bolsa-auxílio).

Mas, e se o "guri" saiu do "loló" e não dorme mais na rua. Tem ido com a mãe para vender refrigerante nas filas de procura de emprego do centro e está aprendendo a calcular o preço do lanche (para ter lucro na venda)? O objetivo da erradicação do trabalho infantil não foi atingido e o sistema de informação não previu outras possibilidades na vida.

São esses dados que não têm lugar. Menos ainda se avançamos além do observado e escutamos os seus testemunhos. A experiência de avaliação dos serviços e programas com os beneficiários, não relacionada à continuidade do programa ou à sua qualificação, mas com o desejo de saber sobre as experiências de cada um, é riquíssima. Quando não são utilizados questionários fechados e é feita apenas uma provocação do tema em grupo ou em entrevistas familiares e individuais surgem as mais diversas questões, não previsíveis pelo mais cuidadoso "roteiro de avaliação" e, proficuamente, difíceis de sintetizar ou sistematizar.

Considerando experiências de encontros para falar da participação do Programa Família, causou surpresa que a maioria dos participantes homens do programa tenha relatado experiências de trabalho anteriores e o desejo de voltar a realizá-las. Esperava-se encontrar uma solicitação de ampliação de prazo ou valor de bolsa- auxílio. Ao contrário, a remuneração percebida por eles era referida como "boa", "legal", "bastante" ou "suficiente para o sustento", "para manter" sua família. Em vários casos, apareceu o desejo de poder auxiliar parentes, alguns distantes. Houve relatos de sonhos antigos de realização profissional na mesma área de atividade, como o carroceiro que queria ter seu próprio caminhão de mudanças. Surpreendeu também que a grande maioria das mulheres tenha relatado o desejo de ter um marido, companheiro ou homem "trabalhador" que "sustentasse", "mantivesse" e "assumisse" a família. Manifestação de vontade de "ser dona de casa", "do lar", "com tranquilidade para cuidar das crianças" e de "ter mais filhos". Relatos de satisfação em esperar o companheiro com "uma comida boa e quentinha".

Muitas famílias, deste recorte regional, eram migrantes ou descendentes de migrantes, em segunda ou terceira geração, que vieram para a capital em busca de melhores condições de vida ou oportunidade de trabalho. O êxodo rural também se fazia presente. Outro relato frequente era a dificuldade frente à exigência de escolarização, considerada acima do necessário para a atividade exercida, como por exemplo primeiro grau completo para serviços gerais.

Na psicanálise sabemos da importância das histórias de emigração, muitas vezes marcadas por rupturas e perdas, transmitidas pelas gerações envolvendo valores provenientes da "memória afetiva" (CALLEGARI, 2000). Os processos migratórios envolvem sonhos e mitologias que, sendo ficção, estórias ou mesmo histórias, carregam imposições simbólicas de uma cultura e o processo da reconstrução de uma nova filiação, numa busca de referentes simbólicos. Em texto sobre esse tema, Callegari (2000) ressalta a herança cultural, o valor de expressão da cultura regional do dialeto (como língua verdadeira).

> Considerando o dialeto a língua recalcada, que surge num contexto sociocultural e emerge de forma simples, de modo tropeçante, cujo eco não escapa ao constrangimento, mas que na fluência verbal do discurso analítico aparece, enganando a censura, criando novas formas de expressão (CALLEGARI, 1999).

Já Lacan (1982, p. 190) nos ensinara que o inconsciente é o testemunho de um saber que escapa, em grande parte, pelo que comporta de afetos, o que vai além do que o falante suporta de saber enunciado. Desta forma a linguagem não é só comunicação, diferentemente de resgatar fatos históricos e "dados pregressos" da história do indivíduo, é preciso uma leitura pela interpretação que lhe dá o sujeito, aquilo de que se afeta na fala. Inclusive nos "tropeços" de sua narrativa, pois não se trata de realidade, mas da verdade (LACAN, 1998, p. 257), da realidade psíquica na rememoração, considerando a ressignificação da história no laço social.

Esses dados de uma vida, enunciados de uma história, não tem lugar no "sistema". Simplesmente não cabem ali. Cabe apostar na possibilidade de, diante da surdez da máquina, algum "técnico" ouse não assumir o semblante de aparelho registrador.

Medidas

Em muitos casos, a aplicação da medida de proteção prevista pelo ECA é acompanhada por relatos de culpabilização. Diante do abandono pela mãe, por exemplo, quando esta escolhe a permanência com o companheiro que praticou um ato de violência, a criança sente-se culpada por ter sido preterida. De fato, é ela que fica, assim, excluída dos seus laços de pertencimento e possibilidades de circulação, como a escola, os amigos e outros familiares. Na sequência da culpa, toda sorte de manifestações sintomáticas:

desde a inibição, inclusive com dificuldades significativas da aprendizagem, à repetição compulsiva de oferecimento do corpo como objeto.

A medida de proteção, de abrigagem da mãe com os filhos, é provisória e não basta em si mesma. Considerando o significativo número de casos nos quais a violência volta a se repetir, com o mesmo ou outro companheiro, temos o indicativo de que não se trata somente do fato de uma violência sofrida e dos agravantes que condições de privação socioeconômica acarretam. O fato do agressor de um abuso sexual ser o pai ou o padrasto da criança tampouco é sem efeito. Da descrença inicial no relato da criança para a constatação do acontecimento, observa-se na fala de muitas mulheres a transformação "do pai das crianças" ou "do meu marido" em "aquele homem" ou "aquilo". Mas há uma posição subjetiva desta mãe/mulher que permite, inconscientemente, uma repetição do seu lugar de submetimento.

No senso comum e para muitos dos que atuam nestes serviços, aparece a figura caricata da "mulher de brigadiano que gosta de apanhar". Sintoma de repetição que pede a escuta do sujeito, muitas vezes, desimplicado pelo lugar de "vítima" passiva, em que a interdição do ato pela palavra falhou.

No trabalho com famílias na assistência social, frequentemente é afirmada a visão sistêmica desta como escolha de intervenção, em contraposição à psicanálise, tida como individualista. Consideramos importante marcar a diferença entre individualidade e singularidade. Pois o risco que se corre no extremo de considerar a família como um todo, "um sistema", é reforçar este lugar de alienação no discurso do Outro, perdendo-se a possibilidade de escuta do sujeito na singularidade do seu sintoma.

Sabemos que um filho não está colocado no mesmo lugar que outro no imaginário parental, nem no simbólico da transmissão, mesmo sendo gêmeos. É importante estabelecer quem pede escuta de seu sofrimento, quem faz sintoma para que e que lugares pedem intervenção/interdição. As crianças, algumas vezes, fazem sintoma para "nos trazer" os pais. Checchinato (2007, p. 137) retoma o manuscrito de Jacques Lacan a Jenny Aubry sobre a posição do filho enquanto sintoma dos pais. Lacan considera que "O sintoma *pode* representar a verdade do casal. Aí está o caso mais complexo, mas também o mais aberto às intervenções". Checchinato relembra também um recorte de Françoise Dolto dizendo que "lá onde a linguagem para é onde o comportamento continua a falar [...] a criança e o adolescente é que são porta-vozes dos pais. Os sintomas de impotência que a criança manifesta são, assim, a ressonância de angústias ou de processos reacionais às angústias dos pais". E quando estes encontram lugar para reconhecer suas próprias questões, estas crianças se liberam para seguir o curso de suas vidas. "A análise de pais permite que estes deixem de projetar seus problemas sobre a criança e, esta, liberta da posição de depositária dos sintomas deles, consegue articular seus desejos na construção de sua subjetividade" (CHECCHINATO, 2007, p. 135). Mas há aquelas que estão aprisionadas na colagem ao gozo do Outro ou em um esvaziamento de desejo, diante de um excesso de real no corpo, da carência simbólica, que exigem trabalho de escuta individualizada e, algumas vezes, inclusive de um outro que faça suporte terapêutico.

Tomarmos estas questões em conta torna-se importante para podermos romper com determinados automatismos, por exemplo, no preenchimento burocrático de um dado certificado por um documento. Quando, no preenchimento do Cadastro Único dos Programas Sociais do Governo Federal, é possível levar em conta questões que vão além da indicação de um nome que seja legalmente responsável através de um termo de guarda, mas escutar o que mais vem ser dito numa disputa de guarda, por exemplo.

Em uma entrevista inicial, escutar como se dá o exercício das funções parentais e quem efetivamente as exerce, pode passar pela observação da brincadeira das crianças. Não é uma observação qualquer, que se restrinja às condições físicas de saúde, ao desenvolvimento cognitivo, da coordenação motora, da aquisição da fala, da simbolização e das relações com o outro. Pode ser escutar a indecisão de onde será a garagem do carrinho. Na casa da mãe é onde não pode falar, muitos caminhões vem e vão, passam por cima da casa e não pode fazer barulho. Na casa do pai tem a "bruxa da vassoura que dói". Os "vovós" contam histórias dos "bolas" ("quilombolas"), quando ainda não tinha carro e todo mundo andava a pé. No jogo do menino, de cinco anos, encenado para quem deixou a atualização do cadastro esperando para escutar a história, há carros que se chocam e se batem, ficam na chuva, sozinhos no deserto do "Afenitão" (sic) e então fogem pela estrada até a Pedreira (onde moram os avós paternos), onde tem oficina de carro que abastece e ninguém bate e o Bumbi (Zumbi) defende sua tribo. Brincadeira de criança... que gera inclusão no programa de atendimento à família.

É preciso se ter cuidado para não cair na dedução direta de maus-tratos, nem nas interpretações de sentido único que chegam ao extremo de achar indicativo de abuso o simples fato de a criança desenhar um pênis, ou outros objetos neste formato. Sabemos que os pais são representados pelas crianças, em muitos momentos, como os vilões da história e os avós, às vezes mais permissivos, como as fadas madrinhas. Mas também sabemos que as crianças utilizam-se desses mesmos personagens para falar de coisas difíceis. O que nos direciona, neste caso, é que a criança pede para ser escutada e inclui sua família.

Esse pedido também nem sempre, e mesmo na maioria das vezes, não é enunciado de modo direto, tanto pela criança como por sua família. "Não há demanda de atendimento", dizem muitos técnicos. Aí também o recurso à psicanálise vem em nosso auxílio. Lacan nos assinala: toda fala pede resposta (LACAN, 1998, p. 249). Ali onde o sujeito não tem voz (nem vez), que a resposta seja a escuta, antes de mais "nada".

Referências

ABONG (Associação Brasileira de Organizações Não Governamentais) (1997). "O sistema descentralizado e participativo: construindo a inclusão e universalizando direitos" – Conjuntura, Assistência Social e Seguridade Social – Subsídios às conferências de assistência social, I. In: **Cadernos Abong**, n. 19. São Paulo: Abong [http://www.rebidia.org.br/assis/cnas1.html – Acesso em 06/06/07].

ALBERTI, S. (2000). Psicanálise: a última flor da medicina. In: ALBERTI, S. & ELIA, L. (orgs.). **Clínica e pesquisa em psicanálise**. Rio de Janeiro: Rios Ambiciosos.

ALBERTI, S. & FIGUEIREDO, A.C. (orgs.) (2006). **Psicanálise e saúde mental**: uma aposta. Rio de Janeiro: Companhia de Freud.

ARAGÃO, L.T. et al. (1991). **Clínica do social**: ensaios. São Paulo: Escuta.

AUBRY, J. (2004). **Psicanálise de crianças separadas**: estudos clínicos. Rio de Janeiro: Campo Matêmico/Companhia de Freud.

BOWLBY, J. (1988). **Cuidados maternos e saúde mental**. São Paulo: Martins Fontes.

BRASIL (2004). **Política Nacional de Assistência Social**. Brasília/DF: Ministério do Desenvolvimento Social e Combate à Fome/Secretaria Nacional de Assistência Social.

_____ (1993). Lei 8.742 de 07/12. Lei Orgânica da Assistência Social. **Diário Oficial da República Federativa do Brasil**. Brasília, 07/12.

_____ (1988). **Constituição da República Federativa do Brasil**. Brasília: Senado.

BRITO, M.M.M. (2004). Novas formas de pensar o coletivo. In: FERREIRA, T. (org.). **A criança e a saúde mental** – Enlaces entre a clínica e a política. Belo Horizonte: Autêntica/Fumec.

CALLEGARI, A.I. (2000). Tropeçando no dialeto. In: COSTA, A.M.M.; MELMAN, C. & CHEMAMA, R. (orgs.). **Imigração e fundações**. Porto Alegre: Artes e Ofícios [Coleção Letra Psicanalítica].

CHECCHINATO, D. (2007). **Psicanálise de pais**: criança, sintoma dos pais. Rio de Janeiro: Companhia de Freud.

COSTA, A.M.M.C. (1998). **A ficção do si mesmo**: interpretação e ato em psicanálise. Rio de Janeiro: Companhia de Freud.

COUTO, B.R. (2004). O direito social, a Constituição de 1988 e a seguridade social: do texto constitucional à garantia de assistência social. In: COUTO, B.R. **O direito social e a assistência social na sociedade brasileira**: uma equação possível? São Paulo: Cortez.

CUNHA, E.P. & CUNHA, E.S. (2002). Políticas públicas sociais. In: CARVALHO, A. et al. (orgs.). **Políticas públicas**. Belo Horizonte: UFMG/Proex.

DOLTO, F. (2005). **A causa das crianças**. Aparecida: Ideias e Letras [Coleção Psi-Atualidades].

_____ (1990). **A causa dos adolescentes**. Rio de Janeiro: Nova Fronteira.

_____ (1984). **Psicanálise e pediatria**. Rio de Janeiro: Zahar.

DOLTO, F. & HAMAD, N.G.G. (1998). **Destinos de crianças**: adoção, famílias de acolhimento, trabalho social. São Paulo: Martins Fontes.

ELIA, L. (2000). Psicanálise: clínica & pesquisa. In: ALBERTI, S. & ELIA, L. (orgs.). **Clínica e pesquisa em psicanálise**. Rio de Janeiro: Rios Ambiciosos.

FALEIROS, V.P. (1985). **Metodologia e ideologia do trabalho social**. São Paulo: Cortez.

_____ (1980). **A política social do Estado capitalista**. São Paulo: Cortez.

FERNÁNDEZ, M.R. (2001). **A prática da psicanálise lacaniana em centros de saúde**: psicanálise e saúde pública. Rio de Janeiro: Ensp/Fiocruz [Dissertação de mestrado – http://portalteses.cict.fiocruz.br/pdf/FIOCRUZ/2001/fernandezmrm/capa.pdf – Acesso em 26/03/06].

FERREIRA, T. (2001). **Os meninos e a rua**: uma interpelação à psicanálise. Belo Horizonte: Autêntica/Fumec.

FERREIRA, T. (org.) (2004). **A criança e a saúde mental** – Enlaces entre a clínica e a política. Belo Horizonte: Autêntica/Fumec.

FIGUEIREDO, A.C. (1997). **Vastas confusões e atendimentos imperfeitos** – A clínica psicanalítica no ambulatório público. Rio de Janeiro: Relume-Dumará.

FREUD, S. (1929). O mal-estar na civilização. In: **Obras completas de Sigmund Freud**. Vol. VIII. Rio de Janeiro: Delta, s.d.

_____ (1919). Linhas de progresso na terapia psicanalítica. In: **Obras psicológicas completas**. Rio de Janeiro: Imago, 1976 [Edição standard brasileira].

_____ (1918) Caminhos da terapêutica psicanalítica. In: **Obras completas de Sigmund Freud**. Vol. X. Rio de Janeiro: Delta, s.d.

FASC (Fundação de Assistência Social e Cidadania) (2002). **Relatório do Encontro de Famílias**. Porto Alegre: PMPA/Fasc [mimeo.].

FESC (Fundação de Educação Social e Comunitária) (1997). **Caracterização das famílias atendidas no Programa de Apoio e Orientação Familiar**. Porto Alegre: PMPA/Fesc [mimeo.].

_____ (1985). **Paulo Freire & educadores de rua**: uma abordagem de crítica. Porto Alegre: PMPA/Fesc [mimeo.].

GOHN, M.G. (1995). **História dos movimentos sociais**: uma construção da cidadania dos brasileiros. 2. ed. São Paulo: Loyola.

GONZÁLEZ, R.S. (2000). Criança também é gente – A trajetória brasileira na luta pelo respeito aos direitos humanos da infância e juventude. In: VIOLA, S.; PIRES, C.; ALBUQUERQUE, P. & KEIL, I. (orgs.). **Direitos humanos**: pobreza e exclusão. São Leopoldo: Adunisinos.

GUERRA, A.M.C. (2003). Tecendo a rede na assistência em saúde mental infanto-juvenil: interfaces entre a dimensão clínica e a dimensão política. In: GUERRA, A.C. & LIMA, N.L. (orgs.). **A clínica de crianças com transtornos no desenvolvimento**: uma contribuição no campo da psicanálise e da saúde mental. Belo Horizonte: Autêntica/Fumec.

GUERRA, A.C. & LIMA, N.L. (orgs.) (2003). **A clínica de crianças com transtornos no desenvolvimento**: uma contribuição no campo da psicanálise e da saúde mental. Belo Horizonte: Autêntica/Fumec.

IAMAMOTO, M.V. (1994). **Renovação e conservadorismo no serviço social**. 2. ed. São Paulo: Cortez.

IAMAMOTO, M.V. & CARVALHO, R. (1982). **Relações sociais e serviço social no Brasil**. São Paulo: Cortez.

LACAN, J. (1988). **Escritos**. Rio de Janeiro: Zahar.

_____ (1987). **A família**. Lisboa: Assírio & Alvim.

_____ (1982). **O seminário** – Livro 20: Mais, ainda (1972-1973). Rio de Janeiro: Zahar.

_____ (1981). Apertura de la sección clínica. In: **Ornicar?**, 3, p. 37-46. Barcelona: Petrel [http://www.con-versiones.com/nota0608.htm – Acesso em 10/07/07].

LEFORT, R. (1984). **Nascimento do Outro**: duas psicanálises. Salvador: Fator.

MARIN, I.S.K. (1999). **Febem, família e identidade**: o lugar do Outro. São Paulo: Escuta.

MDS (Ministério do Desenvolvimento Social e Combate à Fome) (2007a). **Sagi**: Secretaria de Avaliação e Gestão da Informação. Brasília: MDS [http://www.mds.gov.br/sagi/ – Acesso em 03/06/07].

_____ (2007b). **Síntese das pesquisas de avaliação de programas sociais do MDS**. Brasília: MDS [http://www.mds.gov.br/sagi/publicacoes/cadernos-de-estudo/ – Acesso em 04/06/07].

_____ (2006). **Instrução operacional de 14/03/2006** – Cadastro Único, Bolsa Família e Peti [http://www.sine.pr.gov.br/caixa/docs/InstrucaoOperacionalConjuntaSENARC-SNASn%C2%BA01de14-03-06.pdf – Acesso em 10/07/07].

_____ (2005). **Programa de Atenção Integral à Família** (PAIF) [http://www.mds.gov.br/programas/paif/ – Acesso em 20/03/05].

MESTRINER, M.L. (2001). **O Estado entre a filantropia e a assistência social**. 2. ed. São Paulo: Cortez.

NETTO, J.P. (1996). Transformações societárias e Serviço Social – Notas para uma análise prospectiva da profissão no Brasil. *Revista Serviço Social & Sociedade*, vol. 50, p. 87-132. São Paulo: Cortez.

_____ (1989). Notas para a discussão da sistematização da prática em Serviço Social. **Cadernos Abess**, 3. São Paulo: Cortez.

PAES-SOUSA & VAITSMAN (2007). **Síntese das pesquisas de avaliação de programas sociais do MDS**. Brasília: MDS [http://www.mds.gov.br/sagi/publicacoes/cadernos-de-estudo/ – Acesso em 04/06/07].

PINHEIRO, Â.A.A. (2004). A criança e o adolescente, representações sociais e processo constituinte. **Psicologia em Estudo**, vol. 9, n. 3, set.-dez., p. 343-355.

POLI, M.C. (2005). **Clínica da exclusão** – A construção do fantasma e o sujeito adolescente. São Paulo: Casa do Psicólogo.

RINALDI, D. (1996). **A ética da diferença**. Rio de Janeiro: Zahar.

ROCHA, P.E. (1997). Da descentralização que temos à que queremos. In: **Cadernos Abong**, 19. São Paulo: Abong [http://www.rebidia.org.br/assis/cnas1.html – Acesso em 06/06/07].

SCARPARO, M.L.D.-E. & CRUZ, L.R. (2004). Programa de Orientação e Apoio Sócio-Familiar: antigos e novos desafios no campo psi. In: FUNDAÇÃO DE ASSISTÊNCIA SOCIAL E CIDADANIA (org.). **I Seminário Regional de Práticas Sociais**. Porto Alegre: Evangraf.

SILVA, E.R.A. (org.) (2004). **O direito à convivência familiar e comunitária** – Os abrigos para crianças e adolescentes no Brasil. Brasília: Ipea/Conanda.

SPOSATI, A. (2004). **A menina Loas**: um processo de construção da assistência social. São Paulo: Cortez.

SPOSATI, A. (org.) (1991). **A assistência social no Brasil: 1983-1990**. 6. ed. São Paulo: Cortez.

SPOSATI, A. et al. (1992). **A assistência na trajetória das políticas sociais brasileiras**: uma questão em análise. 5. ed. São Paulo: Cortez.

WAISELFISZ, J.J. et al. (2004). **Nos caminhos da inclusão social** – A rede de participação popular de Porto Alegre. Brasília: Unesco.

WINNICOTT, D. (1987). **Privação e delinquência**. São Paulo: Martins Fontes.

8
A CLÍNICA AMPLIADA NA ASSISTÊNCIA SOCIAL

Janete Nunes Soares
Luciane Susin
Marisa Batista Warpechowski

Um sofrimento extremo pode transformar-se em violência – embora na maior parte dos casos tome a forma de apatia...
CONRAD, J. *Coração nas trevas.*

Este trabalho pretende apontar como a psicanálise pode contribuir no campo da Política Pública de Assistência Social. Abordamos nossa experiência de uma escuta clínica na Fundação de Assistência Social e Cidadania, gestora e executora desta política no município de Porto Alegre, a partir do recorte de algumas questões que insistem como interrogantes no nosso trabalho.

Levantamos alguns pontos fundamentais que caracterizam a clínica na assistência social para pensar a sua especificidade. Como refere Rosa (2004, p. 341) "o psicanalista deve estar a serviço da questão que se apresenta". Propomos dar visibilidade ao sofrimento psíquico de sujeitos submetidos à condição de miséria, exclusão social, desamparo e violência. E, neste sentido, problematizar a intervenção clínica nesse campo.

Exclusão e violência: a vida na não cidade

Para trazer essa experiência clínica, é necessário falar da população atendida na assistência social e seu contexto. São pontos importantes que vão marcando a diferença deste trabalho e delimitando o lugar de onde intervimos.

É por meio da escuta dos sujeitos que o compromisso ético de construção de um saber se coloca. Saber este que leva em conta a dimensão social e a dimensão do sujeito, de forma não dissociada, conforme propõe Freud (1921/1976). As pessoas vêm solicitar ajuda considerando as múltiplas vulnerabilidades em que se encontram: moradia, alimento, escola, transporte, trabalho, etc. Chegam marcadas pelo sofrimento de estar à margem da sociedade, excluídas do acesso aos bens, vivendo em condições de extrema miséria, sob o efeito de desamparo e de situações de violência.

Esta violência se inicia muitas vezes pelo desamparo que viveram na infância, pela falta de reconhecimento de sua origem e de sua história, até a violência de não ter um lugar para viver, sendo expropriados de seus bens em prol de interesses políticos, sociais e econômicos, alijados dos espaços da cidade e sem lugar no tecido social. Conforme Santos (2000), não há uma cidadania concreta desvinculada do componente territorial, o valor do indivíduo depende do lugar em que está e de sua acessibilidade aos bens e serviços de forma igualitária; sem este acesso, a vida fica subtraída de um mínimo de dignidade.

O testemunho de adolescentes que falam de sua condição de esquecidos na sua vila/periferia, caracterizada como um espaço do qual a cidade não quer saber, revela a violência que sofrem pela expulsão do espaço urbano e a sua desesperança em poder se vincular ao mesmo. Essa questão se repete, quando em um grupo de atendimento as mulheres referem que "a cidade não é mais nossa". Falam de uma ausência de cidadania, pois sobreviver na cidade é muito diferente de sentir-se fazendo parte dela.

Como nos apresenta Endo (2005), estes sujeitos vão sendo separados de sua condição de cidadão, na medida em que vão sendo apartados de seu direito ao lugar. São moradores clandestinos, ilegais que habitam áreas de risco, invasões, áreas irregulares, por isso, desatendidos em suas necessidades de urbanização, esgoto, água encanada, energia elétrica, sem endereço passível de comprovação, vivendo na não-cidade.

> Ao cobiçar uma cidade só para si – limpa, rica e segura – as instituições, grupos e cidadãos inventam um objeto fantástico que vai sendo gradativamente desfigurado à medida que é conquistado. Quanto mais a cidade é privatizada, menos cidade ela se torna (ENDO, 2005, p. 32).

Viver nesta não cidade diz de uma condição de trabalho precarizado, onde em muitas famílias a geração de renda ocorre através da catação de lixo e mendicância como alternativas de sobrevivência, pois estão excluídas de outras formas de trabalho valorizadas socialmente. As crianças e adolescentes perdem a infância – tempo para a constituição da estrutura subjetiva – porque muito cedo entram na luta pela sobrevivência através do trabalho infantil, abandonando a escola e espaços educativos importantes para o seu desenvolvimento. Em muitas famílias acaba por ocorrer uma inversão dos lugares, onde os pais não conseguem ser provedores, fragilizando sua função protetiva.

Este é um lugar de resto que a sociedade insiste em lhes apontar. Não há uma casa em um endereço oficial, não há uma conta de luz, pois é "gato"[1] da Ceee[2], não há uma conta de água, pois é "gato" do Dmae[3] (isso quando se tem água encanada). Não têm um trabalho formal, com carteira assinada uma vez que não possuem os atributos (experiência comprovada, escolaridade, aparência, documentação, etc.) necessários para concorrer no mercado e, através do trabalho informal, se depender somente dele, a família passará fome.

Essas pessoas que embora tenham documentos não são cidadãos porque isto não garante que possam entrar num banco e abrir uma conta para receber a bolsa-auxílio do governo. É necessária a intervenção de um profissional que lhes dê um comprovante de residência e que viabilize junto ao banco a abertura da conta. Ou ainda, eles necessitam de um encaminhamento do profissional da Assistência Social para que possam ir fazer sua carteira de identidade. Isto para demonstrar algumas intervenções interinstitucionais feitas nestes atendimentos e que são obrigatórias para dar conta de algo tão básico como um documento de identidade.

Também, muitas vezes, nos solicitam para "atestar sua pobreza", pois somente assim terão acesso a tais serviços. Então que pessoas são estas que precisam que outro lhes ateste algo? Que tipo de comprovante está em jogo? O que o outro tem que lhe outorgar que o próprio sujeito não dá conta? Isto coloca uma grande diferença em relação a qual lugar está demarcado para essa popu-

---

1. "Gato": ligação irregular para obtenção de água, luz, etc.

2. Ceee: Companhia Estadual de Energia Elétrica.

3. Demae: Departamento Municipal de Água e Esgoto.

lação. Sua palavra ou mesmo seus "comprovantes" não valem nada. Não conseguem se representar, se fazer ouvir e respeitar desde seu nome próprio.

Desamparo constitutivo e desamparo social

Trazemos a noção de desamparo na obra de Freud (1927/1976) com a intenção de articular o que é constitutivo do sujeito com o que é vivido no social. O desamparo refere-se à condição de prematuridade com a qual o bebê humano vem ao mundo, levando-o a depender totalmente do outro para viver. O bebê, diferente do animal, não nasce com um código expresso no qual já está inscrito o que deve fazer para viver, necessitando que o outro ser humano tutelar o tome em seu desejo e ajude a aplacar seu mal-estar. Assim, o sujeito se constitui a partir da relação com o outro. É constituído pelo outro através de significantes que o inscrevem em uma cultura e o marcam desde o seu nascimento.

Conforme Freud (1927/1976), examinando a vida mental da criança, percebemos que sua libido segue os caminhos das necessidades narcísicas ligando-se aos objetos que as satisfazem. A mãe, ao satisfazer a fome da criança, torna-se seu objeto de amor e sua proteção contra os perigos que a ameaçam no mundo externo. A mãe é sua primeira proteção[4].

Aos poucos, na relação mãe-bebê, vai se colocando um terceiro elemento, representado pelo pai[5], que vai fazer a função de proteção de outra ordem. O pai, ao retirar a criança do lugar de objeto da mãe, inscreve-a enquanto sujeito de desejo. Freud vai situar que a fonte da criação dos deuses pelo homem reside neste desamparo. "Assim, seu anseio por um pai constitui motivo idêntico à sua necessidade de proteção contra as consequências de sua debilidade humana" (FREUD, 1927/1976, p. 36).

Desta forma, o estado de desamparo faz parte da constituição subjetiva do homem. Todos nos enfrentamos com esta questão, construindo formas para dar conta do sofrimento que daí pode advir.

---

4. É importante diferenciar figura materna de função materna, sendo que a função materna poderá ser exercida por outra pessoa que não somente a mãe biológica. Para tanto é necessário que outro cuidador tome a criança em seu desejo.

5. Da mesma forma, aqui referimos o pai como a função paterna.

Os sujeitos com os quais trabalhamos, além de lidar com o desamparo psíquico constitutivo, enfrentam-se, também, com situações de privação, em que são submetidos ao discurso social dominante que lhes atribui lugares marginais. Assim, ficam jogados a outro desamparo – aquele que trata das condições básicas para sobrevivência, dos mínimos sociais necessários, organizadores da vida e também constituintes da sua identidade. O desamparo social refere-se à falta de ações integradas e integradoras das políticas públicas que propiciem a esta população as condições necessárias a uma vida digna.

Nosso trabalho é a construção de uma escuta clínica, que leve em conta a especificidade destas pessoas e situações, interrogando os efeitos subjetivos e intersubjetivos desses desamparos. Consideramos como efeitos desses desamparos o isolamento, a fragilização das relações sociais e afetivas, os atos violentos, a apatia, a ausência de cidadania, o silenciamento, etc.

> No desamparo social, o sujeito está à mercê de situações de vida traumáticas em seu quotidiano, atualizando incessantemente o desamparo psíquico constitutivo. A imbricação do desamparo social ao desamparo psíquico revela uma precariedade dos recursos simbólicos dificultando ainda mais a elaboração destas situações. A clínica da assistência passa por construir uma trama de saber no lugar do que aparece como "sem sentido" do trauma. Este é o trabalho simbólico necessário para resguardar o sujeito do real. Nesta direção a consequência da ruptura dos fundamentos do contrato social, aponta Pujó, é a irrupção do traumático, tomado aqui como a desorganização subjetiva decorrente da emergência daquilo que está fora do sentido e da significação. O traumático não designa a qualidade de um acontecimento, mas a desestruturante incidência subjetiva daquilo que irrompe por fora de uma trama de saber (ROSA, 2002, p. 9).

Dispositivos de intervenção clínica

O trabalho neste campo é marcado por situações de riscos graves, nos quais, em muitos momentos, a vida do sujeito está ameaçada, no limite entre viver e morrer, matar ou se deixar matar. Assim, para citar alguns exemplos, temos a esposa espancada, cortada, quebrada pelo companheiro usuário de *crack*; a mãe que sozinha ampara os filhos porque o pai é totalmente ausente; o pai desesperado, pois não tem um teto para os filhos, nem como alimentá-los; a mãe que perde a filha assassinada no beco onde mora; a mulher que tem sua cabeça comida por vermes e já não sente nada, resistindo ao atendimento de saúde; a adolescente que sustenta a família comercializando seu corpo; o homem que, no desespero da fome, ameaça invadir e quebrar o local de atendimento.

Cada situação crítica apontada acima exige do psicólogo um esforço em sustentar um espaço de escuta que leve em conta os desdobramentos e particularidades dos sintomas psíquicos que estão em jogo para cada um. É muito fácil tomar a via imaginária e ficar paralisado frente às cenas de horror que invadem nosso olhar e ensurdecem nosso ouvido. Por outro lado, apesar de corriqueiros para nós, os exemplos acima dispõem de pontos significantes, representativos da vida daquele que fala. A partir destes pontos o sujeito poderá se implicar e formular um pedido de atendimento.

A aposta que fazemos na escuta clínica é supor este sujeito capaz de interrogar-se sobre sua história, naquilo que lhe é original, nos traços que o marcaram para além do lugar que a cultura o reconhece – da pobreza, do dejeto – e abrir caminho para a construção de novos traços identificatórios a partir das narrativas individuais.

Primeiramente o sujeito busca o Centro de Assistência Social para a solicitação de bolsa-auxílio. Este é o primeiro pedido, já que precisa buscar alguma solução para sua sobrevivência. Ao mesmo tempo em que essa situação marca sua condição de miserável, abre também uma via de trabalho importante. A partir de um contrato de transferência de renda com o governo, o sujeito circula pelo Centro, comparece aos atendimentos, constrói laços sociais com seus colegas e com a equipe técnica. Isso amplia muito o trabalho desenvolvido, transformando a bolsa-auxílio em um dispositivo de intervenção clínica fundamental para continuidade dos atendimentos.

A clínica na assistência implica em romper a identificação do sujeito que recorre à Assistência Social como alguém que vem "pedir algo", visando não devolver a resposta somente na via do recurso material, mas, sim, abrir um espaço de fala. Isso recoloca a condição de sujeito desejante e de enigma sobre o ser.

Na medida que se possibilita a condição desejante, abre-se uma via de exercício de cidadania. Um recorte clínico dessa operação se visualiza quando Rita faz questão de que o contrato de bolsa-auxílio seja em seu nome. Torna-se importante para ela assumir uma relação contratual em nome próprio. Esse desejo a coloca em movimento, fazendo-a inscrever-se socialmente, através da confecção de seus documentos (Certidão de Nascimento, CPF, RG, Título de Eleitor) que passam a lhe fazer sentido. O valor da documentação atribuído pelo social, como condição de pertencimento e circulação na cultura, adquire para Rita um estatuto de cidadania.

Propomos a clínica da assistência social provendo um lugar de investimento libidinal, pois muitas vezes parte do psicólogo oferecer seu desejo, sustentando um lugar de escuta através dos atendimentos individuais, grupais e outros dispositivos de intervenção clínica. Ou seja, é necessária uma postura ativa. A iniciativa se coloca primeiramente do lado do psicólogo até que o sujeito possa, ele próprio, demandar, sustentar e exigir o atendimento.

Apontamos como exemplo desse processo o momento em que, nos grupos de famílias, a proposta de fazer um passeio, visitar um museu, ou ir ao cinema, inicialmente deve ser colocada pela equipe como uma "exigência de contrato" para que as pessoas participem. Se a equipe propõe um passeio como um convite de livre adesão, as famílias não vão. A sistemática dessas atividades vai abrindo a possibilidade das pessoas valorizarem e até desejarem circular por espaços dos quais se sentiam excluídas. Passam a ver que é possível se apropriar da cidade de outra maneira, usufruindo sua condição de cidadão, valorizando o lazer, o conhecimento adquirido nesses locais, enfim, enriquecendo sua vida.

É necessário que o profissional através de seu reconhecimento, escuta e intervenção lhe empreste muitas vezes seu desejo. Pois de todo este lugar de desvalia, de dejeto em que se encontra o sujeito miserável, o que lhe sobra é um aplacamento da posição desejante.

Este seria o pior dos sintomas provenientes da miséria extrema. Um sintoma que seria o anestesiamento, ou, talvez, fosse mais preciso falar de amortecimento. Algo de uma operação psíquica capaz de fazer frente a toda essa violência vivida, decorrente da exclusão e do desamparo.

A relação transferencial permite escutar situações traumáticas de vida e de inúmeras perdas não elaboradas. Através da garantia da palavra se propicia que o ato violento e o emudecimento não calem o tormento destas situações, que é muitas vezes inominável. Temos como visada relançar o desejo para esse sujeito, à medida que possa ir reconstruindo sua história, seus determinantes e referências simbólicas individuais e coletivas.

A escuta e o atendimento vêm justamente amparar, proteger, dar uma referência para alguém que se encontra tão desprovido. Constitui-se, assim, um lugar de pertencimento, onde o sujeito vai endereçar sua fala. O trabalho clínico desenvolve-se possibilitando um lugar estruturante de reconhecimento subjetivo, através do acolhimento da palavra, e social, pela inclusão no espaço institucional.

Efeitos de resistência

A escuta clínica neste campo requer um esforço que implica enfrentar-se com importantes efeitos de resistência. Ficar preso à concretude da realidade social, paralisado diante das cenas de horror e de degradação faz com que se intervenha através de "um fazer" para aquele sujeito, muitas vezes deixando-o de fora. O mesmo ocorre quando a intervenção toma a via pedagógica e sugestiva, sem levar em conta a possibilidade do mesmo construir as suas próprias respostas. Devemos estar muito atentos para não intervirmos a partir da ideia de "salvar" o sujeito das situações de risco que vive.

Para exemplificar trazemos um recorte da história de Ana. Esta chega ao Centro de Assistência Social desesperada e chorando porque mais uma vez foi gravemente agredida pelo companheiro. Essa cena preocupante, pois a vida de Ana está em risco, mobilizou a equipe que se lançou num "fazer", orientando-a a registrar queixa na Delegacia da Mulher e buscando local para abrigamento dela e de sua filha. Poucos dias depois, Ana já estava de volta em sua casa ao lado do companheiro. Esta situação repetiu-se várias vezes, inclusive com a prisão do companheiro. Posteriormente, Ana retirou todas as ocorrências que registrou. Isto levou a equipe a repensar sua intervenção. O técnico de referência pôde reconhecer que não poderia seguir o trabalho na lógica de que Ana se separasse do companheiro, mas sim na garantia de um espaço de escuta clínica com o psicólogo da equipe. Atualmente, nesses atendimentos, Ana vem examinando a sua implicação na situação de violência e na relação com o companheiro. Como efeito dessa escuta ela poderá construir suas próprias "soluções".

Destacamos a importância do trabalho compartilhado em equipe, em grupos de trabalho, estudo e supervisão, pois é o que permite suportar as situações difíceis tanto em termos das relações institucionais quanto de certos impasses transferenciais nos atendimentos.

A clínica ampliada

A construção da escuta clínica na instituição implica múltiplas transferências: com a equipe, com a instituição e com os demais serviços. As pessoas e famílias muitas vezes estão sendo atendidas em vários locais como Conselho Tutelar, Ministério Público, Posto de Saúde, Secretaria de Direitos Humanos, Escola, Delegacias de Polícia, etc.

Assim, existe um atravessamento de diversos discursos institucionais que tentam dar conta das problemáticas de exclusão e desamparo do sujeito e sua família. Na medida em que se produz a interlocução entre os serviços, e os mesmos conseguem articular-se em rede, isso poderá beneficiar o sujeito.

A escuta sistemática que se faz na assistência tem a função de considerar o sujeito na sua singularidade nos momentos de discussão e interlocução com outras equipes. Pode-se contribuir nas decisões tomadas pelas várias instituições a partir do que o sujeito traz no atendimento clínico. Desta forma, o profissional da assistência, autorizado pela relação transferencial, tem o compromisso de garantir valor à palavra do sujeito. Isto, muitas vezes, em detrimento dos ideais das instituições. Ou seja, nem sempre os ideais institucionais coincidem com o que o sujeito quer, ou lhe é possível.

Esta é uma característica importante deste trabalho: a clínica ampliada. É necessário ampliar a clínica compartilhando a escuta em outras esferas. O trabalho não é só o atendimento em si, mas todos os desdobramentos posteriores vindos dessa escuta, que se tornam fundamentais para continuidade do atendimento.

Considerando as necessidades do sujeito em atendimento na Assistência Social, o psicólogo vai acionar os agentes de outros serviços na perspectiva da intersetorialidade. Muitas vezes precisa falar em nome do sujeito para garantir o acesso e acolhimento em outras instituições. Em função de não ter sua cidadania construída e reconhecida, surge para ele, em muitos momentos, a dificuldade de falar ou se fazer ouvir.

O processo de inclusão social é permeado por muitos obstáculos que contribuem para que o sujeito se mantenha na condição de marginalizado, abrindo mão de seus objetivos e projetos. Nossa função é fazer o investimento, relançando o sujeito à sua posição desejante e de direitos.

A clínica ampliada também propõe uma flexibilização do *setting* de atendimento. As mais diversas situações (passeios, visitas domiciliares, grupos) poderão se constituir como dispositivos clínicos de escuta e intervenção.

A clínica e a política pública

Consideramos a assistência social como campo de trabalho clínico muito rico, próprio para intervenção na perspectiva da clínica ampliada. Desta forma, a função do psicólogo é trabalhar com o sofrimento psíquico dessa população que vive na não cidade.

Utilizamos os dispositivos de intervenção clínica citados anteriormente para privilegiar a escuta do sujeito. Como estamos inseridos numa instituição governamental que constrói e executa uma política pública que tem por objetivo promover os direitos socioassistenciais, visamos ao trabalho clínico articulado a esses direitos.

Buscamos a mudança de posição dessa população através da passagem do lugar de dejeto para o lugar de sujeito desejante, propiciando o resgate de seus projetos e a construção de sua cidadania. O psicólogo inserido na instituição poderá auxiliá-la em constituir-se como espaço de produção de reconhecimento através da palavra compartilhada.

Sabemos que as políticas públicas são construídas em âmbito geral e amplo, considerando a população como massa homogênea. Cabe aos trabalhadores sociais, salientamos aqui o psicólogo, trazer este universal das políticas ao particular de cada sujeito, e possibilitar que o que é da ordem do singular possa vir a influenciar na formulação das políticas.

E, para finalizar, destacamos a importância do trabalho compartilhado com as equipes e os serviços que compõem a rede de atendimento, assim como espaços de grupos de discussão, estudo e supervisão, pois é o que possibilitará, conforme nos diz Broide (2005), transformar as vivências em experiências compartilhadas, e estas experiências em saber.

Referências

BROIDE, J. (2005). **Conferência apresentada em Seminário GT Convida**/Fasc. Porto Alegre.

CONRAD, J. (1984). **O coração das trevas**. São Paulo: Brasiliense.

ENDO, P.C. (2005). **A violência no coração da cidade**: um estudo psicanalítico. São Paulo: Escuta/Fapesp.

FREUD, S. (1927). O futuro de uma ilusão. In: **Obras psicológicas completas de Sigmund Freud**. Vol. XVIII. Rio de Janeiro: Imago, 1976 [Edição Standard Brasileira].

_____ (1921). Psicologia de grupo e análise do ego. In: **Obras psicológicas completas de Sigmund Freud**. Vol. XVIII. Rio de Janeiro: Imago, 1976 [Edição Standard Brasileira].

ROSA, M.D. (2004). A pesquisa psicanalítica dos fenômenos sociais e políticos: metodologia e fundamentação teórica. **Revista Mal-Estar e Subjetividade**, vol. 4, n. 2, p. 329-348. Fortaleza.

_____ (2002). Uma escuta psicanalítica das vidas secas. **Revista Textura**, n. 2, p. 1-13. São Paulo.

SANTOS, M. (2000). **O espaço do cidadão**. São Paulo: Nobel.

9
REDES SOCIAIS E INTERNAÇÃO PSIQUIÁTRICA
Paradoxos nas políticas de saúde para a juventude

Andrea Scisleski
Cleci Maraschin

Este capítulo parte de uma pesquisa desenvolvida no âmbito de uma dissertação de mestrado em Psicologia Social e Institucional/UFRGS (SCISLESKI, 2006), realizada junto ao Centro Integrado de Atenção de Crianças e Adolescentes do Hospital Psiquiátrico São Pedro (Ciaps/HPSP). Nosso propósito é discutir o conceito de rede posto em ação a partir das trajetórias dos adolescentes que são internados nessa instituição.

Como parte das conclusões desse estudo, percebemos a dificuldade da criação e manutenção de coletivos em diversas instâncias da rede social para o atendimento dos jovens que não reifiquem a situação de exclusão em que vivem. Ao que nos parece, é somente através de trajetórias marginais que esses jovens podem obter algum reconhecimento social; além disso, a própria medida de internação psiquiátrica corrobora com essa prática social de exclusão voltada para jovens em situação de marginalidade social.

Dimensões conceituais da rede

A palavra rede tem sido empregada de modo muito intenso para fazer referência a uma forma de relação entre instituições sociais, em várias áreas do conhecimento, tal como na saúde e na educação. É comum encontrar essa palavra empregada como operadora de políticas públicas e propostas de intervenção, como se somente sua utilização garantisse consensualidade de sentido. Dessa forma, *rede* é uma expressão utilizada com muita liberdade, parecendo não implicar maiores aprofundamentos teóricos.

A discussão conceitual da noção de rede não é uma tarefa fácil. Simplesmente porque não pode ser remetida a uma esfera teórica exclusiva. Por não possuir um campo teórico de referência hegemônico, para conceituá-la necessitamos fazer escolhas epistemológicas. Iniciamos esse capítulo indicando o percurso de nossas escolhas.

Michel Serres (s.d.) aponta duas perspectivas distintas e complementares da noção de rede: uma *dimensão ontológica* e uma *dimensão topológica* (MORAES, 2000).

Em sua *dimensão ontológica*, a rede é tomada como uma espécie de usina produtora de sentidos, de objetos, de posições subjetivas, de instituições, de práticas e de saberes. É definida pela sua estrutura – de ligações entre nós heterogêneos – na qual seu operar recursivo intensifica circuitos recorrentes, produzindo coerências operacionais, estabilizando sentidos e configurando objetos, posições subjetivas e instituições.

Em sua *dimensão topológica*, a rede é entendida como um modo de organização espaçotemporal; ou seja, como uma matriz sociotécnica (MORAES, 2000; MUSSO, 2004) que estabelece fluxos e recorrências entre seus nós, podendo ser mapeável ao configurar vizinhanças e fronteiras. Esse conceito de matriz sociotécnica opera como uma ferramenta ou tecnologia social, na medida em que uma rede pode ser desenhada, projetada, realizada, como por exemplo: a rede de instituições de ensino público, a rede de serviço de saúde, a rede ferroviária, a rede de comunicação.

Musso (2004) reforça a ideia de rede como ferramenta conceitual e sociotécnica. Como conceito, a rede seria um modelo de raciocínio; ao passo que, no viés da topologia, ela seria uma forma de organização do espaçotemporal, confirmando a ideia de uma matriz sociotécnica. Para o autor, a rede é uma técnica que faz vínculos e é um operador político-moral que produz sentidos.

Se retornarmos à definição de Serres (s.d.) rede é conceituada como uma pluralidade de *pontos* ligados entre si por uma pluralidade de *caminhos*. Por princípio, nenhum ponto é privilegiado em relação a outro – estando virtualmente conectado aos demais. Mas o operar da rede vai produzindo distinções que resultam em diferentes potências de cada ponto. Tais características também valem para os caminhos. Sinteticamente, um ponto pode ser uma intersecção de duas ou mais vias, ao passo que um caminho pode ser visto como uma relação constituída a partir da correspondência entre duas intersecções.

Para o autor, se um ponto da rede muda de lugar, o conjunto da rede pode se transformar, sendo a situação respectiva dos pontos tão diferente como a variedade dos caminhos. As redes se transformam mudando suas configurações. Um exemplo que pode nos servir de ilustração para compreender o movimento das redes, conforme o próprio Serres (s.d.), é o jogo de xadrez. Como um modelo tabular (que corresponde a um modo específico de desenho de rede), o caminho escolhido por um jogador na partida contém, entre outros possíveis, o máximo gradiente de aleatoriedade. Nesse momento inicial, as possibilidades de jogadas são diversas, porém, com o desenrolar da partida e no encontro com os lances do adversário, chega-se a uma determinação cada vez maior que, progressivamente, levará a um impasse ou, mais comumente, ao xeque-mate. Através desse exemplo, percebemos que não apenas a disposição do conjunto do tabuleiro se modifica, mas também a potencialidade das jogadas, uma vez que a configuração espacial das peças pode, variavelmente, adquirir maior ou menor poder. Assim, os arranjos que se estabelecem são temporários e implicam a transformação global da situação espaço-tempo em que aparecem.

Ressaltamos que a dinâmica operatória de uma rede pode ampliar ramificações, construir limites, vizinhanças, fechamentos e, portanto, definir um dentro e um fora, sendo passível de ser perturbada. Ao mesmo tempo, pensando em uma perspectiva ontológica, os paradigmas e as políticas das relações que se estabelecem também são emergências do operar das redes – eles não estão fora das conexões em que se constituem. E a topologia assumida pelas redes em determinado momento resulta e produz, ao mesmo tempo, saberes e implicações políticas.

Desta forma, podemos tomar as conexões como modos de *articulação política* (como forças e tensionamentos) e *paradigmáticos* (como saberes). Esse arranjo entre os efeitos paradigmáticos e políticos do operar das redes retroage sobre as mesmas, modulando-as. É interessante pensar que algumas configurações assumidas pelas redes podem enrijecer-se, cristalizando-se como um itinerário fechado, transformando-se em uma estrutura rígida, descaracterizando-a, portanto, como rede equipotente. Dessa operação, pode ocorrer a formação de um "curto-circuito" – como veremos adiante.

Se tomarmos alguns discursos frequentes dos técnicos que trabalham em serviços de saúde (TSCHIEDEL, 2006), podemos observar que o emprego do termo rede se dá prioritariamente na acepção topológica: como uma tecnologia social de organização espaçotemporal, de sujeitos, instituições e fluxos, sem muitas vezes atentar que essa arquitetura social é constitutiva daquilo mesmo que regula. Além disso, existe uma concepção positivada de rede, ou seja, se os serviços funcionam como rede é porque necessariamente funcionam bem – mostrando uma certa idealização no próprio uso dessa expressão.

Tomada como uma tecnologia de organização social, a rede realiza duas operações aparentemente paradoxais: fazer circular e controlar (MUSSO, 2004). Ao possibilitar o fluxo de veículos entre diferentes cidades, uma rede rodoviária, por exemplo, também pode controlar o tipo de circulação desejável (peso dos veículos, horários, tarifas). Da mesma forma, poderíamos pensar a circulação e o controle na rede de saúde. A lógica de diferenciação dos estabelecimentos definida pelo Sistema Único de Saúde (SUS) – referência e contrarreferência – produz uma hierarquização dos fluxos de acesso, podendo funcionar como gargalos burocráticos de caminhos que regulam e controlam os fluxos.

Cabe ressaltar que, quando falamos nos pontos ou nós da rede, estamos nos referindo a elementos heterogêneos que podem ser os estabelecimentos, as instituições, as legislações e as posições de sujeitos. Nesse sentido, parece-nos pertinente apontar que a noção de rede do modo como aqui a entendemos se constitui e engendra (ontologia) e se organiza (topologia) a partir das ligações entre nós heterogêneos, sendo, deste modo, dinâmica.

Enfatizamos, porém, que somente quem está conectado (está na rede) tem a possibilidade de operar em rede. Quando referimos que as instituições podem ser consideradas nós das redes, por exemplo, estamos destacando uma característica importante que qualifica o que pode ser entendido como reticular: a condição de potência (ou seja, virtualmente em uma rede todos os nós se conectam). Mas essa condição virtual não está necessariamente atualizada nas redes concretas porque nem sempre os nós funcionam articulados, originando uma dinâmica topológica de interrupções, fronteiras que controlam e fazem circular fluxos por diferentes percursos (que não é estranha à rede, mas resulta de um modo particular de operar). Essa ideia evoca a importância de abrangermos as duas dimensões de rede, pois para compreender como opera determinada configuração de rede não basta apenas que exista a possibilidade de conexão entre diversos nós, mas há de se estudar seus desenhos, sua topologia: acessos, fechamentos, vizinhanças, fronteiras.

Nosso interesse neste capítulo é mapear algumas das relações que são constituídas quando tomamos as redes como tecnologias sociais e os jogos que as movimentam (controle e circulação), bem como suas implicações político-institucionais através do percurso de alguns seus usuários: jovens atendidos em um serviço psiquiátrico de internação hospitalar. Para isso, a análise da topologia atualizada e reforçada por cada percurso é importante, embora não possamos desvinculá-la da ideia ontológica, ou seja, de que esse modo de operar da rede é também produtivo e não somente organizativo. No caso do Ciaps/HPSP, este se realiza e se atualiza no cruzamento de muitas instituições, estabelecendo relações diversas entre as mesmas, produzindo o cotidiano do local e compondo a chamada rede de saúde mental.

Desenhando uma rede de saúde mental pelos percursos dos jovens usuários

Os percursos dos jovens apresentados abaixo se referem ao material de pesquisa da dissertação (SCISLESKI, 2006). Esses percursos foram obtidos através de uma abordagem metodológica que investigava como as trajetórias dos jovens prévias à experiência da internação podiam acionar uma internação psiquiátrica no HPSP. Nosso objetivo, então, consistia em pesquisar como se produz a internação psiquiátrica de jovens, estudando-a não através de um viés nosológico e individual, mas de uma perspectiva socioinstitucional.

Para tanto, como uma de nossas ferramentas metodológicas, propusemos a realização do que chamamos de *oficina de percurso*, voltada especificamente para os jovens internados no Ciaps/HPSP.

As oficinas ocorreram no horário dos grupos terapêuticos coordenados pela psicóloga responsável, com a intenção de facilitar nossa inserção com os jovens no local e, além disso, ao mesmo tempo, funcionavam como uma modalidade de trabalho em grupo.

Além das oficinas, também pesquisamos nos prontuários dos jovens e participamos de reuniões nas quais a equipe técnica discutia a situação social e diagnóstica de cada um deles, na intenção de coletarmos maiores informações relativas aos percursos recorrentes dos adolescentes que ingressavam no Ciaps.

Devido a perspectiva de permanência na internação ser de poucas semanas, nossa estratégia era aguardar que todos os que participaram de um encontro tivessem tido alta para propormos uma nova edição da oficina. Em média, entre uma oficina e outra, o tempo variava de três a seis semanas, isto é, o mesmo tempo em que os adolescentes permaneciam internados no Ciaps/HPSP.

No início de cada oficina, esclarecíamos aos jovens sobre os propósitos da investigação e da vinculação do trabalho com a pesquisa acadêmica[1]. A proposta das oficinas de percurso era a de configurar um modo de interação e de conversação que girava em torno da seguinte indagação: "*como vocês chegaram até o Ciaps/HPSP?*" Para isso, disponibilizávamos um material[2] e encorajávamos que a resposta à questão fosse representada de um modo primeiramente visual. Os jovens elaboravam suas produções e as colocavam sobre o papel pardo e, depois de concluída a tarefa, cada um era estimulado a contar para o grupo o que tinha feito.

Os jovens e seus percursos: curtos-circuitos na rede

Vamos apresentar e discutir, a seguir, quatro percursos dos jovens[3] participantes de nossa pesquisa. Embora as oficinas tenham sido realizadas em um espaço grupal, por opção, cada jovem fez seu trabalho individualmente, falando apenas de seu percurso. Aqui já se depreende que apesar das trajetórias apresentarem muitas semelhanças, como veremos a seguir, sua construção

---

1. Essa questão é relevante porque boa parte dos jovens demonstrava mais interesse em fazer a atividade quando sabiam que estavam participando da pesquisa. Isso parece fundamental, já que demonstra o interesse dos jovens quando alguém pode reconhecê-los de outra forma que não pela via da delinquência ou da patologia.

2. Esses materiais eram sucatas (rolos de papelão, caixinhas vazias de remédios, potes plásticos, etc.), ferramentas de escrita e desenho (cola, tesoura, canetas hidrocores, lápis de cor, giz de cera, etc.) e um pedaço grande de papel pardo, que serviria de painel onde os adolescentes comporiam suas produções em grupo.

3. O nome dos jovens apresentados foi modificado no intuito de preservar suas identidades. Ressaltamos que parte das análises relativas às histórias dos jovens atendidos consta em um artigo nosso, publicado pela revista *Cadernos de Saúde Pública*, chamado "Manicômio em circuito: os percursos dos jovens e a internação psiquiátrica", conforme as referências deste capítulo.

é individualizada. Mesmo que muitas vezes um jovem, por exemplo, pudesse contar a história por um outro participante, a realizava de um modo individual não percebendo relações entre os percursos, sem se darem conta das semelhanças entre os seus itinerários. Pensamos que essa não possibilidade de coletivizar percursos semelhantes seja um produto do próprio operar da rede que explicitaremos adiante.

Igor, um jovem de quinze anos, morador de um município da Grande Porto Alegre, desenha no papel pardo um campo de futebol e monta com sucatas vários "barracos" que representam a favela onde mora; em um desses barracos, reproduz os dizeres de um cartaz pendurado na porta de um bar: *"entre se quiser, saia se puder..."* Ele comenta que o bar é um local onde ocorrem muitas brigas e que, com frequência, tem como resultado a morte de alguém. Igor diz que a vida na favela tem muita "correria", explicando que essa "correria" tem a ver com o tráfico, mas também com a rotina de trabalho daqueles que têm emprego. Conta ainda que foi parar no Ciaps/HPSP – e esta é a sua segunda internação no HPSP pelo mesmo motivo – devido ao consumo de *crack* e também por participar na venda de drogas (SCISLESKI; MARASCHIN & SILVA, 2008).

O jovem diz que no Ciaps não sente "fissura" (vontade de consumir a droga), mas afirma que, quando tiver alta e retornar para a favela, voltará a usá-la: "aqui eu não vejo a droga; lá ela vai estar na minha frente o tempo inteiro". Igor comenta que também ajuda a família com o dinheiro que ganha com o tráfico. Diz que conhece os traficantes da favela, que sabe como o "esquema" funciona, que já está acostumado. Refere que largar as drogas não é uma tarefa possível de ser feita por quem está muito envolvido.

É interessante notar que o próprio jovem fala de si como se já não houvesse mais a perspectiva de um outro modo de vida possível. No itinerário de Igor – assim como no de muitos outros internados no Ciaps –, que a situação de pobreza socioeconômica (favela onde mora), o uso de drogas (*crack*) e a autoria de atos infracionais (furto, tráfico) são aspectos importantes que configuram a internação psiquiátrica; mas, ao que parece, esse jovem se percebe como único protagonista desse percurso. É relevante também observar que Igor não acredita na ajuda de alguma instituição que possa fazê-lo sair do circuito das drogas. O jovem, assim, está à sua própria sorte. Ao que parece, a própria medida da internação psiquiátrica não demonstra estar sendo significativa como recurso que pode auxiliá-lo a repensar sua situação no tráfico e, menos ainda, a lhe mostrar alternativas que lhe apresentem outras possibilidades de vida.

Xeque-mate? De um certo modo sim. O próprio Igor fala dessa posição ao dizer que não há como encontrar uma saída da via da droga. É o *"entre se quiser, saia se puder"* que diz respeito, então, não apenas ao funcionamento do bar da favela onde vive esse jovem, mas à situação em jogo no contexto da sua internação psiquiátrica.

Outro participante das oficinas, e que já conhece Igor porque mora na mesma favela, é Diego, também com quinze anos e está na sua terceira internação no Ciaps/HPSP.

Diego diz que gosta de estar envolvido com drogas, tanto para o consumo como para a venda. Ele alega que só foi para o Ciaps porque o juiz mandou, caso contrário, iria para a Fase[4] (Fundação de Atendimento Sócio-Educativo). Na oficina, desenha um caminho e monta com sucata uma ambulância, representando sua chegada no Ciaps: "nunca tinha andado de ambulância antes; foi legal".

Podemos ver, a partir dos percursos dos jovens que participaram das oficinas, uma "naturalização" do procedimento da internação psiquiátrica, que chama constantemente os mesmos, por via da ordem judicial. No caso de Diego, vemos que sua internação se dá apenas por obediência à determinação do juiz, não havendo qualquer preocupação por parte do jovem em se tratar, mas sim em evitar um possível encaminhamento mais extremo, como a Fase. O mesmo se dá em relação às instituições que encaminham Diego à internação que, a nosso ver, parecem estar mais interessadas em controlar e vigiar o jovem do que em oferecer-lhe possibilidades que efetuem alguma mudança significativa capaz de conduzi-lo a um outro rumo.

Outro percurso abordado é o de Maria, quatorze anos, primeira internação no Ciaps, que também baixa o hospital via ordem judicial. Além do uso de drogas, o motivo de sua internação é a tentativa de suicídio. Ela desenha uma praça, seu animal de estimação (uma cachorrinha) e a casa do namorado. A jovem comenta

---

[4]. A Fase veio a se constituir para tomar o lugar da extinta Febem-RS. A Fase funciona em regime fechado ou semiaberto. Esta instituição é voltada para jovens que cometem infrações.

que tem dificuldades com a mãe (adotiva) e que, quando briga com ela, costuma fugir de casa, indo para as ruas usar drogas ou para a casa do namorado. Acredita que sente mais dificuldades em lidar com sua própria família do que com o namorado. Ela também admite que precisa de ajuda, mas que não gosta da psicóloga que a atendia em seu município, justificando: "ela diz que eu faço essas coisas porque gosto de aparecer". No prontuário da jovem encontramos ainda, como elemento associado à sua internação no Ciaps, o fato de ter sido abusada sexualmente na época que vivia com a mãe biológica – motivo pelo qual foi adotada aos oito anos de idade.

No percurso dessa jovem, chama-nos a atenção não só a questão do abandono – que se repete em muitas outras histórias dos que são internados –, mas especialmente o modo como os serviços de saúde aparecem na sua trajetória. Isto é, o sofrimento vivido pela paciente devido ao abandono e às dificuldades de relacionamento se atualiza também na maneira como é atendida pela psicóloga de seu município, que culpabiliza a jovem pelo seu "destino".

É com descrédito que as angústias de Maria são tomadas. O que resta a ela, então, fazer? Está colocada em xeque-mate... Percebemos, nesta situação, que o saber moral e normativo, representado pela psicóloga que atendia Maria, revela a existência de práticas de "tratamento" de desautorização do paciente e de "entronamento" do profissional que legitima o que o paciente é ou deixa de ser. O discurso psicológico, muitas vezes, se traveste de uma moral, a qual o sujeito deve enquadrar-se como meio de demonstrar sua cura.

Por fim, Juliano, dezessete anos, pai de duas filhas com sua ex-namorada, também teve passagem pela Fase e reinterna pela terceira vez no Ciaps pelos mesmos motivos das vezes anteriores: abuso de drogas (*crack*) e envolvimento com o tráfico. O jovem, morador de um município do litoral norte do Rio Grande do Sul, vem para a internação trazido pelo conselho tutelar[5]. Ele estava

---

5. O conselho tutelar é um órgão quase sempre presente nos percursos dos jovens que são internados no Ciaps, funcionando de modo importante à obtenção do encaminhamento judicial; no entanto, só o estamos mencionando em alguns casos, nos quais a atuação desse órgão parece ser fundamental à compreensão do leitor, devido ao papel relevante que este ocupa na trajetória dos jovens.

ameaçado de morte por traficantes da sua região e, após a alta do Ciaps, já havia feito uma combinação para prosseguir seu tratamento em uma fazenda terapêutica. Entretanto, na oficina, diz que quer se "vingar" dos sujeitos que o expulsaram de seu bairro e julga, para isso, oportuno ser "de menor", justificando que "agora não dá nada, depois é presídio". Não demonstra interesse na atividade, desenhando um cachimbo de fumar *crack* e uma folha de *canabis* (maconha) no papel pardo.

Cabe dizer também que, posteriormente às oficinas, no momento da alta, Juliano consegue convencer o conselheiro tutelar a levá-lo de volta à sua cidade, de modo a não ir à fazenda terapêutica como previamente combinado.

O percurso de Juliano revela a "vantagem de ser 'de menor'". O jovem tem a sensação de que "pode fazer tudo", como matar e roubar. Para pensarmos sobre esse sentimento onipotente, encontramos em Henri Atlan (2002) algumas reflexões. Segundo o autor, essa sensação é produzida pelo que chama de *ilusão de liberdade*, a qual podemos interpretar como um paradoxo: os jovens que acham que podem tudo são justamente os que estão mais comprometidos com uma recorrência. O contrário também é pertinente, de acordo com Atlan (p. 37):

> [...] Conhecer melhor os determinismos que nos regem permite-nos viver a experiência de uma maior liberdade. [...] Na perspectiva que pretendo adoptar, a escolha não é separada deste conhecimento de forma arbitrária, mas, pelo contrário, é determinada por factores que este conhecimento nos pode por vezes fazer descobrir.

Atlan ainda desenvolve ideias que podem nos auxiliar a aprofundar a questão: responsabilidade *versus* culpabilidade. Para argumentar tal concepção, o autor se vale do duplo sentido do termo "sujeito": *sujeito de* e *sujeito a*. Ou seja, a primeira acepção de sujeito expressa a possibilidade de protagonismo; ao passo que a segunda revela uma posição de assujeitamento, de submissão. Como explica o autor (p. 39-40): "por um lado, sujeito activo, <sujeito de>, sujeito das suas ações e da sua história; por outro lado, <sujeito a>, subordinado ao que lhe acontece, à sua história e ao que faz, ou, antes, ao que é feito através de suas ações". A dificuldade de encontrar a "resposta certa" é que as instituições sociais fortalecem a emergência de um *sujeito a* – isto é, um sujeito adaptado, submisso, docilizado – e não de um *sujeito de*.

No caso dos jovens, ao que parece, eles são culpabilizados individualmente – numa posição de assujeitamento – sem, no entanto, poderem ser considerados responsáveis. A nosso ver, a relação que lhes possibilitaria uma mudança ética de posição compreenderia justamente o oposto: não culpabilizá-los, mas responsabilizá-los, já que, na concepção de Atlan, é responsável quem pode assumir e se dar conta dos limites da possibilidade de escolha. Em última análise, implica um maior destaque ao protagonismo desses jovens do que ao seu assujeitamento, porque conscientes desse processo.

Desse modo, afirmamos que a internação psiquiátrica no Ciaps/HPSP revela um processo social que remete a outras circunstâncias que extrapolam aquilo que é considerado estritamente doença mental. Patologiza-se a juventude pobre usuária de drogas, atribuindo-se a ela uma culpabilidade (ATLAN, 2002), por vezes mascarada pelo discurso médico que a toma como causa natural e genética.

Por fim, o percurso de Juliano ainda nos leva a refletir sobre a preferência de muitos jovens desejarem ser reconhecidos como "criminosos" do que como "loucos". Uma explicação interessante para essa questão é apresentada por Castel (1978, p. 169-170) ao enfatizar que:

> O doente mental é um improdutivo, como os vagabundos, os indigentes, os doentes pobres, os velhos. É também perigoso, menos pela passagem ao plano da ação, que raramente se efetua na realidade, que pelo exemplo de uma transgressão das normas que não poderia, tal como um ato criminoso, permanecer impune. No entanto, "irresponsável" que é, o doente mental não pode ser passível do mesmo tratamento que recebe o criminoso, menos ainda na medida em que, a despeito dos estereótipos negativos ligados a seu personagem, permanece em si mesmo qualquer coisa de patético e objeto de piedade.

Desse modo, através de um reconhecimento social advindo de um adjetivo pejorativo, o rótulo de "doente mental" é por muitos jovens rejeitado, preferindo, então, ao menos receber um *status* de maior poder: o de "criminoso". Dessa forma, muitos "optam" pela via da criminalidade como possibilidade de reconhecimento.

O xeque-mate na rede

É interessante perceber que as trajetórias recorrentes dos jovens, facilitadas pelo operar das instituições que participam da rede, controlam e fazem circular, constituindo uma perspectiva subjetiva, por aparecerem associados a um certo *encadeamento de experiências* que se sucedem em suas vidas e, conforme os próprios jovens denominam, culmina na internação psiquiátrica no HPSP. Contudo, ressaltamos que embora evoque uma ideia de encadeamento, tais experiências parecem surgir não associadas a uma noção de causalidade linear ou de determinismo estrito – como se um dado acontecimento na vida dos jovens provocasse imediatamente uma internação – mas, associadas a uma simultaneidade de processos que permitem que a internação psiquiátrica aconteça, enfatizando uma configuração dessa processualidade em cadeia, ou de circuitos recorrentes socialmente instituídos.

A situação de pobreza (ou miséria), a vivência nas ruas e o uso abusivo de drogas pesadas como o *crack* – que pode ou não estar associado a atos infracionais –, por exemplo, configuram uma espécie de encadeamento de experiências que legitimam a internação no Ciaps/HPSP, especialmente por ordem judicial. Nesse sentido, a articulação dessas experiências em uma sequencialidade casuística se implica diretamente com a subjetividade, por estar associada não apenas com as próprias experiências dos jovens, mas também por parecer ser uma delineadora de suas trajetórias. Com isso, queremos dizer que a vivência na situação de marginalidade social amplia as possibilidades para que a internação psiquiátrica ocorra.

Retomando o exemplo de Serres (s.d.) no qual a rede pode assumir configurações como a de um jogo de xadrez, pode-se pensar na casuística que se configura na trajetória dos jovens internados no Ciaps. Assim, a experiência na margem da sociedade ganha importância, pois pode ser vista como um dos lances no movimento do tabuleiro que se complexifica a cada jogada (nas várias mãos das instâncias judiciais, educativas e sanitárias) reificando as relações, levando a um verdadeiro xeque-mate na vida dos adolescentes: a internação psiquiátrica.

Ressaltamos que são as experiências tidas como "marginais" que recebem um atributo de relevância pela rede em questão, pois é a partir delas que se traçarão os modos pelos quais os jovens serão reconhecidos socialmente. Nesse aspecto, as ideias de Boaventura Santos (2002; 2003) podem nos ajudar a problematizar esse encontro entre o encadeamento de experiências na rede de saúde mental com a internação psiquiátrica, principalmente através de alguns conceitos como *desperdício da experiência* e *epistemicídio*.

Embora o autor utilize os conceitos em um plano sociológico, pensamos que eles são pertinentes em um plano de produção de subjetividade. Destacamos que a ideia de *desperdício da experiência* é relevante neste trabalho para problematizarmos o modo de relação que se estabelece entre os nós da rede e as trajetórias dos jovens, que os colocam em um impasse. Ao selecionar algumas das experiências dos jovens, em detrimento de outras, e encadeá-las, a rede produz uma naturalização e uma relação de necessária causalidade, possibilitando a conservação do sentido de "só pode terminar assim"; "só pode dar nisso mesmo".

Desse modo, tomado como um objeto instituído na situação de marginalidade social, o encadeamento de (algumas) experiências dos adolescentes é tramado e naturalizado. Com isso, são interditados e silenciados outros saberes que têm de si. Um dos grandes potencializadores desse epistemicídio advém da força e do estatuto social e normativo de saberes legitimados, como o médico, o jurídico e psicológico[6].

Devido a posições epistemológicas, éticas e políticas essas ciências produzem discursos que são tomados como verdades absolutas, e as vivências que ocorrem fora de seu domínio acabam por ser desprezadas. É a partir desse pressuposto que os jovens são tratados somente como "loucos ou delinquentes" que suas experiências são apreciadas. As outras vivências são tornadas invisíveis; deixadas de lado, são excluídas do próprio percurso dos sujeitos.

Outra ideia importante para dimensionar o *desperdício da experiência* em relação às trajetórias dos jovens é o conceito de *epistemicídio* (SANTOS, 2003). O autor explica que o epistemicídio tem uma semelhança com o genocídio; ressaltando que, no caso

---

6. A psicologia, através de algumas de suas vertentes – em especial a linha desenvolvimentista – também pode ser pensada como uma instância normalizadora, uma vez que, com frequência, estabelece padrões de comportamentos que são tidos como adequados a determinadas etapas do desenvolvimento, por exemplo. Assim, tal psicologia estipula modos de ser que devem ser seguidos, disciplinando, dessa maneira, as diferentes posições de sujeito no âmbito social.

do genocídio, povos e grupos sociais colonizados ou marginalizados têm a vida exterminada, enquanto que o epistemicídio se refere à morte dos saberes dos povos colonizados ou de grupos sociais tidos como marginais por saberes dominantes. Como exemplo, o sociólogo cita a situação de alguns grupos indígenas que tiveram seu povo e cultura exterminados de tal forma que, atualmente, nos é impossível recuperar suas histórias. Entretanto, o autor afirma que hoje, embora tenhamos alguns avanços importantes no âmbito dos direitos humanos de modo que o genocídio seja visto como algo brutal e inadmissível, o mesmo não acontece com o epistemicídio, que ocorre frequentemente no cotidiano.

O autor atualiza essa questão para nossos dias ao ampliar o uso desse conceito concernente ao impedimento de outras possibilidades de conhecimento, percebidos como marginais aos saberes hegemônicos, se expressarem. No caso dos jovens internados no Ciaps/HPSP, esse conceito de epistemicídio torna-se relevante para pensarmos a respeito da situação social em que esses jovens vivem. Além da relação de apagamento de parte das experiências dos jovens pacientes, podemos ainda pensar o *epistemicídio* como a perda da potencialidade virtual da rede: nem todos os nós se ligam a todos os outros – esta é uma diferença importante entre o *real/topológico* (nem todos os nós se conectam ao mesmo tempo) e o *virtual/topológico* (todos os nós podem ser conectados). Ou seja, alguns dos circuitos tornam-se recorrentes e privilegiados, "apagando" e/ou interditando outros passíveis de existência, impedindo com isso, a emergência de novos arranjos e de criação de alternativas.

O desperdício da experiência remete à marginalização e ao reconhecimento de determinados saberes como ilegítimos frente a outros que, não somente são considerados legítimos, mas também possuem o poder de determinar os que não o são. Nesse sentido, podemos alargar a abrangência desse conceito, posto que o foco de muitos saberes científicos se mantém mais pela naturalização do que existe (miséria, droga, diagnóstico, ato infracional) do que pelas alternativas que possam suscitar.

A questão da existência de saberes dominantes torna-se evidente desde a porta de entrada para o hospital psiquiátrico como para a de saída. Apenas o médico e o juiz, este algumas vezes assessorado pelo primeiro, podem encaminhar à internação. Assim, a Medicina e o Direito são saberes/instituições/"nós das redes" tradicionalmente percebidos como norteadores, configurando-se como pilares. Aquele associado à verdadeira cientificidade; este, como regulador da ordem social. Mas cabe lembrar que ambos também exercem funções normatizadoras da sociedade.

Boaventura Santos (2002) desenvolve uma ideia interessante que pode nos auxiliar a problematizar a formação de hierarquias entre os saberes, através da *epistemologia das estátuas*, com o conceito de *espelhos sociais*. O sociólogo explica que as sociedades se constituem a partir das imagens que têm de si, vistas nos espelhos que constroem para reproduzir identificações dominantes em um dado momento histórico. Em termos topológicos, esses espelhos, ao criarem sistemas e práticas de semelhança, correspondência e identidade, garantem as rotinas que sustentam e regulam a vida em sociedade, recorrentemente. Por espelhos sociais, o autor define um conjunto de instituições, normatividades, ideologias que estabelecem correspondências e hierarquias entre campos infinitamente vastos de práticas sociais. Essas correspondências e hierarquias permitem reiterar identificações até o ponto de se transformarem em *identidades*.

Se tomarmos, sinteticamente, os espelhos como saberes que organizam, criam e mantêm instituições, perceberemos que eles refletem o que a própria sociedade produz e, nesse aspecto, as imagens que se apresentam são percebidas como identidades. Assim, os espelhos sociais são processos sociais que adquirem vida própria, configurando-se em práticas instituídas que regulam as redes.

Enfatizamos que as contingências dessa vida podem alterar profundamente a sua funcionalidade enquanto espelhos – ou seja, os nós das redes que se transformam em espelhos, cristalizando práticas e paralisando fluxos, por exemplo. Nesse sentido, quanto maior o uso de um dado espelho e quanto mais importante e recorrente é esse uso, maior a possibilidade de que se torne independente, emergindo e sobrepondo-se frente aos outros espelhos sociais existentes. Quando isso acontece, em vez da sociedade se ver refletida no espelho, é o "espelho que pretende que a sociedade o reflita" (SANTOS, 2002, p. 48). Desse modo, o espelho torna-se *estátua*, que parece atrair o olhar da sociedade não para que esta se veja, mas para vigiá-la e controlá-la.

A rede que não se percebe como rede

É interessante observar em todos os percursos dos jovens participantes de nossa pesquisa, como pudemos apresentar alguns deles aqui, a ausência de serviços substitutivos à internação psiquiátrica. Além disso, todos os jovens encontram-se em uma situação social semelhante: miséria econômica, baixa escolaridade, abandono escolar, vínculos frágeis com a família, entre outros. Por outro lado, muitos jovens são usuários de drogas e, destes, alguns possuem uma forte vinculação com uma outra rede: a do tráfico de drogas.

A exposição até aqui feita permite pensar que os modos de operar da rede também produzem as trajetórias dos jovens. Na trajetória de muitos dos jovens verificamos que os serviços de saúde e, de modo mais amplo, as políticas públicas para a juventude vêm funcionando mais pela via da reificação da exclusão desses jovens que já se encontram excluídos, do que oferecendo outras possibilidades. As medidas de intervenção se dão, muito frequentemente, pela via moral, fundamentada na conscientização no convencimento da necessidade de alterar sua própria trajetória, operada de modo individual. É certo que algumas intervenções conseguem oferecer ao jovem instrumentos psíquicos que são valiosos para a conquista de um outro posicionamento frente a sua experiência. Mas gostaríamos de ressaltar, ao final desse trabalho, que a instituição de uma rede de sociabilidade deveria ser tomada como um limite mínimo e não como um limite máximo. Ou seja, a empatia, a transferência, o vínculo, a identificação ou qualquer que seja a relação de sociabilidade pretendida deveria ser o requisito mínimo para que se institua um trabalho em saúde mental. Sabemos que, quando esse é o limite máximo, a resolutividade é limitada haja vista indicadores de reinternação. Mesmo porque não podemos tratar um problema social como um problema somente psíquico ou no máximo familiar.

Concordamos com Tschiedel (2006) que há necessidade de um operar analítico da rede, ou seja, a rede necessita se pensar como rede. Somente uma vigilância crítica e inventiva de seus próprios modos de operar possibilita o exercício de questionar alguns de seus efeitos (que nem sempre são entendidos como tais) e de elaborar proposições alternativas de trabalho. É o caráter autoprodutor de uma análise do coletivo – como coletivo – que poderá engendrar modos de intervenção que possam ir além da rede de sociabilidade, constituindo uma rede analítico-institucional. Pensamos que um operar desse modo também traz efeitos de coletivização desses percursos erráticos que são vistos como determinações de cada um.

Referências

ATLAN, H. (2002). **Será a ciência inumana?** – Ensaio sobre a livre necessidade. Lisboa: Instituto Piaget.

CASTEL, R. (1978). A instituição psiquiátrica em questão. In: SÉRVULO, F. (org.). **Sociedade e doença mental**. Rio de Janeiro: Campus.

MORAES, M.O. (2000). O conceito de rede na filosofia mestiça. **Revista Informare**, vol. 6, n. 1, p. 12-20. São Paulo.

MUSSO, P. (2004). A filosofia da rede. In: PARENTE, A. (org.). **Tramas da rede**. Porto Alegre: Sulina.

SANTOS, B.S. (2003). **Pela mão de Alice**: o social e o político na Pós-modernidade. São Paulo: Cortez.

_____ (2002). **A crítica da razão indolente** – Contra o desperdício da experiência. São Paulo: Cortez.

SERRES, M. (s.d.). **A comunicação**. Lisboa: Rés.

SCISLESKI, A.C.C. (2006). **"Entre se quiser, saia se puder"** – O percurso dos jovens pelas redes sociais e a internação psiquiátrica. Porto Alegre: PUCRS [Dissertação de mestrado em Psicologia Social e Institucional].

SCISLESKI, A.C.C.; MARASCHIN, C. & SILVA, R.N.A. (2008). Manicômio em circuito: os percursos dos jovens e a internação psiquiátrica. **Cadernos de Saúde Pública**, vol. 24, p. 342-352. Rio de Janeiro: Fiocruz.

TSCHIEDEL, R.G. (2006). **Redes sociais e políticas públicas**: tecendo uma política analítico-institucional. São Paulo: PUC [Tese de Doutorado em Psicologia].

ORGANIZADORAS E AUTORES

Organizadoras

Lílian Rodrigues da Cruz: Psicóloga; doutora em Psicologia (PUCRS); docente do Departamento de Psicologia e do Programa de Pós-Graduação em Letras na Universidade de Santa Cruz do Sul (Unisc).

Neuza Maria de Fátima Guareschi: Psicóloga; doutora em Educação (University of Wisconsin – Madison); docente do Departamento de Psicologia e do Programa de Pós-Graduação em Psicologia (PUCRS); coordenadora do Comitê de Avaliação Psicologia e Educação da Fundação de Amparo à Pesquisa do Estado do Rio Grande do Sul.

Autores

Andrea Scisleski: Psicóloga; mestre em Psicologia Social e Institucional (UFRGS); doutoranda em Psicologia (PUCRS); docente do Departamento de Psicologia na Universidade Regional Integrada do Alto Uruguai e das Missões (URI/Santiago).

Berenice Rojas Couto: Assistente social; doutora em Serviço Social (PUCRS); docente da graduação e da pós-graduação na área das Políticas Sociais Públicas da Faculdade de Serviço Social da PUCRS; consultora da Unesco e da Enap em projetos do Ministério de Desenvolvimento Social e Combate à Fome – MDS; coordenadora, no RGS, da Pesquisa do Programa Procad/Capes, pesquisa que avaliará em âmbito nacional a implantação do Suas.

Betina Hillesheim: Psicóloga; doutora em Psicologia (PUCRS); docente do Departamento de Psicologia e do Mestrado em Educação na Universidade de Santa Cruz do Sul (Unisc).

Claudia Fonseca: Antropóloga; doutora em Antropologia (Doctorat d'État, Université de Nanterre); professora de Antropologia no Programa de Pós-Graduação em Antropologia Social (UFRGS); cocoordenadora do Núcleo de Antropologia e Cidadania (Naci).

Cleci Maraschin: Psicóloga; mestre e doutora em Educação pela UFRGS; diretora do Instituto de Psicologia/UFRGS; docente do Programa de Pós-Graduação em Psicologia Social e Institucional/UFRGS e Programa de Pós-Graduação em Informática na Educação/UFRGS.

Esther Maria de Magalhães Arantes: Psicóloga; mestre e doutora em Educação Humanística e do Comportamento (Boston University); docente na Universidade do Estado do Rio de Janeiro (Uerj) e na Pontifícia Universidade Católica do Rio de Janeiro (PUC-Rio).

Janete Nunes Soares: Psicóloga; especialista em Psicologia Social; formação em Transtornos do Desenvolvimento no Centro Lydia Coriat/Porto Alegre; trabalha e coordena o Grupo de Trabalho Saúde Mental na Assistência Social, na Fundação de Assistência Social e Cidadania (Fasc), Prefeitura Municipal de Porto Alegre.

Luciane Susin: Psicóloga; especialista em Teoria Psicanalítica na Unisinos; trabalha na Fundação de Assistência Social e Cidadania (Fasc), Prefeitura Municipal de Porto Alegre.

Maria Cristina Poli: Psicóloga; psicanalista; doutora em Psicologia (Université de Paris XIII – Paris-Nord); pós-doutora pela Universidade Federal do Rio de Janeiro; docente do Curso de Psicologia e do Departamento de Psicanálise e Psicopatologia e do Programa de Pós-Graduação de Psicologia Social e Institucional da Universidade Federal do Rio Grande do Sul (UFRGS); membro da Associação Psicanalítica de Porto Alegre (Appoa).

Maria de Lourdes Duque-Estrada Scarparo: Psicóloga; psicanalista; mestre em Psicologia Social e Institucional (UFGRS); trabalha na Fundação de Assistência Social e Cidadania (Fasc), Prefeitura Municipal de Porto Alegre; membro da Associação Psicanalítica de Porto Alegre (Appoa).

Marisa Batista Warpechowski: Psicóloga; especialista em Psicologia Clínica; formação em Psicanálise no Recorte de Psicanálise/Porto Alegre; trabalha na Fundação de Assistência Social e Cidadania (Fasc), Prefeitura Municipal de Porto Alegre.

Nelson Eduardo Estamado Rivero: Psicólogo; mestre em Psicologia Social e da Personalidade; doutor em Psicologia (PUCRS); docente do Curso de Psicologia (Unisinos).

Sandra Djambolakdjian Torossian: Psicóloga; psicanalista; doutora em Psicologia (UFRGS); docente do Curso de Psicologia (Unisinos); membro da Associação Psicanalítica de Porto Alegre (Appoa).

Zuleika Köhler Gonzáles: Psicóloga; mestre em Psicologia (PUCRS).

Edições Loyola

editoração impressão acabamento
Rua 1822 nº 341 – Ipiranga
04216-000 São Paulo, SP
T 55 11 3385 8500/8501, 2063 4275
www.loyola.com.br